DE LA

FRANCE CONTEMPORAINE.

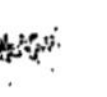

DE LA

FRANCE CONTEMPORAINE,

ET DE SES

DIVISIONS HIÉRARCHIQUES.

RÉPONSE À L'OUVRAGE DE

M. GUIZOT,

DE LA DÉMOCRATIE EN FRANCE.

PAR W. WELLESLEY.

LONDRES:

HIPPOLYTE BAILLIERE, LIBRAIRE,

219, REGENT STREET.

1849.

LONDRES:
Imprimé par Schulze et Cie., 13, Poland Street.

TABLE DES MATIÈRES.

III.

IV.

V.

VI.

VII.

VIII.

IX.

XII.

XV.

XVI.

XVII.

CONCLUSION.

b

AVANT-PROPOS.

Je n'ai jamais pu lire l'histoire moderne de la France sans éprouver une profonde tristesse.

Cette histoire n'est que celle des passions des individus ou des masses, et les élans d'un patriotisme vrai n'y apparaissent qu'à de rares intervalles.

Cette histoire nous montre les individus, dominés par l'égoïsme ; et le peuple, toujours bourreau ou victime.

Le mauvais gouvernement, l'immoralité politique et privée des chefs de la division hiérarchique de la France, de sa division hiérarchique *politique* surtout, ont été les causes principales de l'état actuel de la France, et nous considérons cet état actuel comme extrêmement malheureux, non seulement pour la France mais pour l'humanité tout entière.

Les Communistes, les Socialistes, toutes les sectes anti-hiérarchiques enfin qui se trouvent en France, puisent leurs arguments dans la déplorable histoire de la France contemporaine :

" Les hiérarchies ont failli," disent ces sectes; " qu'il n'y ait donc plus de hiérarchies."

On hésite à leur répondre, on se laisse qualifier *d'aristocrate* par elles, en acceptant cette dénomination comme une injure; cette hésitation leur donne de la force, leur acquiert la sympathie des classes infimes et peu éclairées.

Il faut leur répondre, et leur répondre hardiment, il faut accepter la bataille avec toutes ses conséquences, il ne faut leur faire ni concession ni quartier, ou bien il faut adopter leurs opinions, et reconnaître que la civilisation est en défaut, que le christianisme est impuissant et usé.

Quant à moi, mes sympathies toutes Anglaises, mes rares affections toutes Anglaises, ma croyance religieuse sans laquelle la vie ne saurait être pour moi qu'une fastidieuse période du développement de la matière, qu'il serait absurde de ne pas terminer au plus tôt avec quelques grammes de strychnine, mon intelligence dont l'étude a développé les perceptions philosophiques, ne me permettent pas d'être Communiste ou Socialiste.

Aussi n'étant pas anti-hiérarchique je suis hiérarchique.

Il serait difficile, il serait impossible d'énumérer, et encore moins d'attaquer une à une toutes les théories des sectes anti-hiérarchiques. La raison en est simple. Jamais *deux* Communistes, *deux* Socialistes, *deux* hommes quelconque des sectes anti-hiérarchiques n'ont été d'accord sur les théories qu'ils émettent, "*pro bono publico.*" La seule théorie qui relie entre eux les hommes de ces sectes, c'est celle de la destruction de la hiérarchie qui existe, et encore les uns diffèrent-ils complètement des autres quant à l'application de cette théorie. La persuasion, la force, la douceur, la guillotine sont les moyens d'action divers tour-à-tour préférés.

Il est impossible de donner de la République *Sociale* non-seulement une définition rationnelle mais une définition complète, et qui soit même approuvée par *deux* Socialistes.*

Dans les pages de cet ouvrage j'ai donc moins

---

* Que l'on me permette ici de raconter une anecdote qui prouvera que je ne suis pas *le seul* à ne pas com-

cherché à m'attaquer aux vagues doctrines de l'anti-hiérarchie, qu'à démontrer, que si la division hiérarchique politique de la France a si peu contribué au bonheur de la France, a si peu amené le bon gouvernement, ce n'est que parceque cette hiérarchie n'était pas *une* avec la hiérarchie sociale de la France, et c'est *surtout*

prendre ce que les sectes anti-hiérarchiques entendent par "République Démocratique et *Sociale*."

Quelques jours après le 23 Juin, le Général Cavaignac me reçut au Ministère de la Guerre où il demeurait encore. Je lui parlai d'un officier de la Garde Nationale arrêté par erreur, et en tête de sa compagnie presque sous le feu des insurgés, pour avoir, disait-on, crié, "Vive la République Démocratique et Sociale." Depuis dix jours cet officier était au dépôt de la Préfecture de Police, l'instruction se faisait lentement, il pouvait faire deux ou trois mois de prison *préventive* ; son officier supérieur avait été tué, et ne pouvait témoigner de sa conduite.

Je communiquai tous ces détails au Général qui

parcequ'elle n'était pas *une* avec cette hiérarchie.

Toute hiérarchie est aristocratique ; l'hiérarchie sociale d'une nation est l'aristocratie de cette nation. Si cette aristocratie cesse d'embrasser toute la démocratie, elle ne constitue plus la hiérarchie sociale, l'aristocratie de cette

consentit, avec une extrême obligeance, à me donner un ordre non pour faire élargir cet officier mais pour faire hâter l'instruction.

" Mais," me dit le Général en écrivant au capitaine-rapporteur de la commission militaire une note sur cette affaire, " s'il a réellement crié, 'Vive la République Démocratique et Sociale' que voulait-il dire par là ? Comprenez-vous vous-même ce que veut dire 'la République démocratique et *sociale* ?' " Je répondis que non.

" Eh bien," me dit-il, "ni moi, non plus ! Ni vous, ni moi, ni personne !" et le Général fit une observation sur la terrible insurrection que venait de susciter les anarchistes, qui me parut être celle d'un homme de cœur profondément affligé de cette sanglante lutte civile.

nation, elle n'est plus qu'une aristocratie oligarchique, qu'une oligarchie.

L'ensemble d'un gouvernement, les gens en
place forment toujours une oligarchie, à parler
strictement ; mais si cette oligarchie ne dérive
que de l'aristocratie libre de la nation, et reçoit
l'appui de la majorité de cette aristocratie par
l'appui des individus composant l'hiérarchie sociale, *chacun selon son importance relative dans
la hiérarchie sociale*, le Gouvernement, les gens
en place ne sont que l'expression des volontés de
la hiérarchie sociale, et se confondant avec elle
n'ont plus une existence distincte, oligarchique.

Il n'en a point été ainsi en France où le
Gouvernement et les gens en place ont eu des
intérêts, des volontés distinctes de la majorité de
l'hiérarchie sociale, où les gens en place ont
constitué une oligarchie reposant sur le principe
de la *centralisation*.

On a appelé les chefs de la hiérarchie sociale,

qu'ils fussent ou non du Gouvernement des gens en place, *l'aristocratie* ; et l'on a appelé le reste de la nation, la *démocratie*.

Mais il serait faux de supposer qu'un individu de la *démocratie*, n'appartient pas à une division quelconque de *l'aristocratie* ; ou bien qu'un de ces chefs de la hiérarchie sociale appartenant à *l'aristocratie* n'appartient pas à la *démocratie*. " L'aristocratie" et " la Démocratie" doivent être l'une dans l'autre réciproquement ; quand *l'aristocratie* ou la *démocratie* tirent une ligne de distinction et se jettent les mots *aristocrate, démocrate*, ils se constituent *oligarchies*, et faillissent à leurs devoirs envers la société, envers la nation.

La division hiérarchique est surtout comprise en Angleterre, et, nous le croyons, y est aujourd'hui portée à sa plus grande perfection.

La légère oligarchie de l'hérédité et de la naissance est si peu exclusive en Angleterre, est si intimement liée avec l'aristocratie et par suite avec la démocratie, que cette oligarchie ne saurait que faire du bien au pays en excitant les fils à égaler, par leurs vertus, leurs pères, dont les titres rappellent l'illustration patriotique.

La tâche que je me suis proposée dans cet ouvrage est peut-être au-dessus de mes forces. Le livre de M. Guizot m'a suggéré de traiter aussi de la France Contemporaine, je l'ai fait de mon mieux. Je n'appartiens, que je sache, à aucun des nombreux partis qui divisent la France. J'ai voulu classer mes opinions sur la France avec toute l'impartialité d'un désintéressement complet ; mais je n'ai pas hésité à juger sévèrement ce que mon sens intuitif de moralité m'a fait désapprouver dans l'histoire *politique* que j'ai tenté de retracer.

J'ai peut-être surtout présumé de mes forces en écrivant en français ; mais si la langue

Anglaise m'est naturellement plus familière, plus facile, l'étude de la langue de Lafontaine et de Bossuet a toujours eu pour moi un grand charme. J'ai cédé à cet attrait, puisse le critique me montrer de l'indulgence. J'ajouterai que j'ai parlé le moins possible de la politique Anglaise contemporaine, et que j'espère n'avoir fait entre la France et l'Angleterre aucune comparaison offensante ou injuste.

Si je suis attaqué, ce ne sera guère en Angleterre que par le " Radicalisme," et en France par les sectes correspondantes. Ceux qui m'attaqueront feront peut-être bien de tenir compte de l'opinion que j'émets.

" On ne s'imaginera jamais quel est le degré d'ignorance de la presse Française sur tout ce qui concerne l'Angleterre. La presse Anglaise possède de la France des opinions *un peu moins* *superficielles*."

Le hasard m'a souvent fait visiter la

France, et mon désir de tout voir me l'a fait parcourir en tous sens ; j'ai appris ainsi à considérer la France contemporaine sous ce que je pense être un point de vue correct : mes opinions sont le résultat de ce que j'ai vu.

W. Wellesley.

Londres, Mars, 1849.

POSTSCRIPTUM.

Les pages que je livre au public n'ont été
d'abord écrites que pour moi en 1849.

Je n'écrivais alors mes impressions sur la
France Contemporaine que pour me rendre
compte plus tard des motifs qui m'avaient mis
la plume à la main.

Comme ces motifs, quels qu'ils soient, peuvent bien ne pas être généralement appréciés,
je ne publie pas aujourd'hui ce que je n'avais
écrit que pour moi. Ceux qui n'ont pas
lu mon manuscrit trouveront peut être que
j'aurais dû réduire encore la portion que je
destinais au public, tandis que ceux qui con-

naissaient mon ouvrage regretteront peut-être de ne pas trouver ici ce qu'ils y chercheront.

J'ai cru devoir retrancher un grand nombre de pages sur les émeutes de Juin de 1832. Ceux qui composèrent alors *le Gouvernement Provisoire* qui *siégea* même, dit-on, chez M. Laffitte, *oseront*-ils jamais raconter publiquement les détails de cette insurrection ?

Quant à moi, j'ai cru devoir me refuser à faire le récit de tout ce que le hasard m'a fait apprendre de cette insurrection. Et pourtant, l'histoire des *émeutes* de Juin est semblable dans ses causes et ses premiers effets à l'histoire de la Révolution de 1848. *Tous* les partis s'unirent en 1832 comme en 1848. Mais, en 1848, l'aristocratie de la propriété voulut une révolution *quand même*, tandis qu'en 1832 le drapeau rouge que les sociétés secrètes mirent en avant, fit préférer le règne de Louis-Philippe à l'apparence même du gouvernement des hommes qui se ralliaient autour de ce drapeau.

Jamais les espérances du parti de la légitimité n'ont été, nous assure-t-on, si élevées qu'en Juin 1832. Le même prétexte servit à la révolution de 1848 et à l'émeute de 1832 ; mais en 1832 le résultat, après le succès, eut *peut-être* été différent de ce qu'il a été en 1848. Ceux des hommes du Gouvernement Provisoire de 1832, qui vivent encore pourraient, je le répète, donner de curieux détails. L'oseront-ils ?

Le Roi pressentit en 1832 la terrible lâcheté de tous les siens, lâcheté que 1848 devait dévoiler. Mais en 1832, Louis-Philippe avait un fils de plus dont les vertus et le courage lui eussent puissamment servi en 1848. Si en 1832, le Duc d'Orléans n'a pas failli à son père, il n'eut pas failli d'avantage en 1848, ni à son père, ni au peuple, ni à lui-même. Si le Duc d'Orléans eut vécu, il eut peut-être prévenu et empêché une révolution.

Quoiqu'il en soit, de tous les conseillers de la royauté de Juillet, deux seulement, n'eurent pas peur, *dit-on*, en 1832.

Ce furent le Général Sébastiani et M. Thiers.

M. Thiers est toujours sur la brèche, c'est

l'homme de toutes les époques, de toutes les exigeances.   M. Thiers a succédé en France au Prince de Talleyrand.   Mais il est bien au-dessus du Prince de Talleyrand.   M. Thiers effacera son rival M. Guizot ; il est plus heureux et plus courageux que M. Guizot.

W. WELLESLEY.

Londres, Mars 1849.

"Nos que valemos tanto como vos, os hazemos
nuestro rey y señor, con tal que nos gardeis nuestros
fueros, y libertades ; y, si no, no."

Serment de la Noblesse (ricos hombres) d'Arragon.

" Il y avait de l'ambition, il y avait de la sédition,
il y avait de la violence ; mais l'on ne me fera jamais
croire que ce n'était pas d'un côté la cause de la liberté,
de l'autre celle de la tyrannie, du despotisme."

Discours de M. Pitt, Lord Chatham.

DE LA

FRANCE CONTEMPORAINE.

I.

DEPUIS soixante ans, que de Gouvernements se sont succédés en France ! République, Consulat, Empire, Monarchie, Monarchie Constitutionnelle, République sont arrivés tour à tour.

La diversité de noms dont se sont parés tant de Gouvernements en France, Gouvernements qui ont appartenu à des ordres politiques divers, ne nous montre souvent que l'expression du triomphe momentané d'une section du corps politique de la Nation Française. En 1789, un élan de la nation tout entière renversa cette

Royauté que Louis XIV avait léguée à ses successeurs ; la nation tout entière voulut alors s'affranchir du joug d'une monarchie immorale et dégradée, d'une aristocratie éhontée et insolente. Mais, hélas ! la discorde régna parmi les vainqueurs, et aux souvenirs de gloire de la République Française sont mêlés bien de tristes, bien de funestes *souvenirs*.

Sous chaque régime nouveau qui succède à la Constitution politique et sociale, laissée par Louis XIV à la France, cette discorde nous apparaît portant ses fruits funestes. La tyrannique influence des minorités se dispute le pouvoir. Telle ou telle forme de Gouvernement n'est adoptée par ces oligarchies que dans leur intérêt *individuel*, et non dans celui du peuple ; la liberté politique et sociale, le bien-être moral et politique, dont la conservation, dont l'extension leur est confiée, n'est traitée par elles que subsidiairement à leur intérêt *individuel*. C'est en vain que nous cherchons cette influence raisonnée des minorités sages, qui gouvernent les grands Etats comme chefs de l'hiérarchie aristocratique, dont se compose toute la nation. Chez ces minorités, chez ces aristocraties, l'individualisme est moindre que chez *les minorités révolutionnaires.*

Les minorités révolutionnaires ne sont que des partis politiques qu'influence la haine des autres partis politiques auxquelles elles viennent d'arracher le pouvoir, le Gouvernement de la nation. Il faut d'abord qu'elles consolident leur influence sous l'instinct de la conservation propre aux hommes et aux partis; mais ce soin de conservation est une condition qui entrave leurs résolutions, qui domine et dirige leurs actes : c'est un soin dont n'a pas à se préoccuper une aristocratie hiérarchiquement constituée, et dont l'existence se lie à celle, non d'un parti politique, mais de la nation tout entière.

Les aristocraties *réelles, hiérarchiques*, s'efforcent d'attacher les intelligences les unes aux autres, et de les attacher ainsi à l'Etat, non seulement parceque l'Etat est l'expression de la force de la nation au dehors, mais parceque l'Etat, au dedans, en conservant les droits du voisin, conserve ainsi *d'avance* les droits du citoyen, qui ne sont encore en danger d'aucune attaque. C'est au nom de la morale, de la religion, que les chefs de ces aristocraties, qui constituent les minorités qui *gouvernent,* agissent au nom du peuple.

Les Gouvernements ne sont légitimes qu'autant qu'ils sont sanctionnés par le peuple. Les Rois qui invoquent à l'appui de leur pouvoir le droit divin, ne sauraient l'invoquer que parceque le peuple leur a conféré la souveraineté, l'hérédité. La sanction du peuple, nous apprend l'histoire, a été donnée à trois sortes de Gouvernements. Quand le corps de la nation s'est réservé le pouvoir souverain, le Gouvernement s'est appelé *démocratique.* Quand le corps de la nation a délégué le pouvoir souverain à un certain nombre de citoyens, le Gouvernement s'est appelé *République aristocratique.* Quand le corps de la nation a délégué le pouvoir souverain aux mains d'un seul, le Gouvernement s'est appelé *Monarchie.*

Il ne saurait donc y avoir chez les Gouvernements qu'un principe *absolu,* qu'une loi *suprême,* la voix *du peuple* à son état normal, *"Vox populi suprema lex."* Le sentiment de l'homme politique moderne, et des sections politiques modernes en France, n'a pas été conforme à cet axiôme fondamental, quelles que fussent d'ailleurs leurs prétentions à servir la nation tout entière; ce sentiment ne nous paraît avoir été *qu'individuel*. La Royauté absolue, la Révolution et l'Empire, la Restauration et la Monarchie Constitutionnelle n'ont pas satisfait la France, et leur chûte prouve que ces Gouvernements n'avaient pas adhéré au principe qui avait servi de base à leur création, *au principe démocratique*.

Que l'on nous comprenne bien : le principe démocratique, *la démocratie* doit embrasser la nation tout entière. Le Prince, l'aristocratie font partie selon nous de la démocratie, tant que ce Prince, cette aristocratie ont un pouvoir constitutionnel.

Certes ces hommes remarquables dont l'intelligence, l'éloquence, les talents politiques ou guerriers, ont illustré la France; certes ces hommes, dont M. Guizot cite quelques-uns, dans un livre publié par lui en 1849, ont dû mourir profondément tristes. Ils ont failli à Dieu et aux hommes.

Ils ont failli à Dieu et aux hommes, comme ont failli, depuis soixante ans, presque tous les hommes des Gouvernements de la France, *par la négation du principe démocratique*.

M. Guizot semble, dans le livre cité plus haut, s'attacher à combattre le principe démocratique, il s'attache à démontrer ce principe absurde pernicieux dans son essence. C'est enfin à l'abus de ce principe qu'il attribue l'état peu prospère de la France, les désordres politiques et sociaux du pays, les attaques contre l'ordre politique et social.

M. Guizot qui, sous la Restauration, et en 1830, paraît avoir compris et admis le principe démocratique, sous Louis-Philippe, dont il a été onze ans le Ministre, paraît avoir changé une troisième fois de conviction dans sa vie extraordinaire, et n'avoir plus compris ni admis le principe démocratique dont il avait précédemment défini toute la portée, toute la puissance, tout le droit.

D'où vient le mal? demande M. Guizot. Il affirme que le mal vient de la démocratie, c'est-à-dire du principe démocratique.

"Tel est l'empire du mot démocratie," dit M. Guizot, "que nul Gouvernement, nul parti n'ose vivre et ne croit le pouvoir sans inscrire ce mot sur son drapeau, et que ceux-là se croient les plus forts qui portent ce drapeau le plus haut et le plus loin: idée fatale qui soulève ou fomente incessamment la guerre au milieu de nous, la guerre sociale ; et c'est cette idée qu'il faut extirper."

Certes, il peut avoir été fait abus du principe démocratique, comme il a été fait abus de tout. Il y a des hommes, il y en aura toujours qui exploitent la crédulité des masses; mais ces hommes échouent, et leurs doctrines tombent devant le bons sens de la nation. Il y en a d'autres qui, se faisant un parti et s'appuyant sur la corruption ou la force brutale, mettent au défi le peuple, et gouvernent plutôt d'après leurs caprices que d'après les lois de la Morale et de la Religion. Le peuple les renverse. Démagogues, tyrans, aristocratie oligarchique et impopulaire n'ont écouté que leur intérêt *individuel,* ils ont beaucoup parlé de la démocratie, du peuple, ils n'ont pensé qu'à eux-mêmes.

Si l'on a fait abus des doctrines du Christ, si l'on a commis le meurtre et le pillage en invoquant son nom, sans pourtant altérer la grande morale chrétienne, il n'est point étonnant qu'on ait fait abus de tout, qu'on ait fait abus du principe démocratique dont on ne

saurait altérer non plus la moralité, la vérité,
" *Vox Populi, vox Dei.*"

L'apostat Julien eut pu aussi écrire, " Tel est
l'Empire du mot *Christianisme*, que nul Gouvernement, nul parti n'ose vivre et ne croit le
pouvoir sans inscrire ce mot sur son drapeau ;
et ceux-là se croient les plus forts qui portent
ce drapeau plus haut et plus loin : idée fatale
qui soulève ou fomente incessamment la guerre
au milieu de nous, la guerre sociale, et c'est
cette idée qu'il faut extirper."

Le mal, c'est-à-dire, l'état anormal et dangereux de la France actuelle, ne vient ni du principe démocratique, ni de l'abus de ce principe.
Il vient de l'individualisme des Gouvernements
de la France depuis soixante ans, et surtout de
l'individualisme du Gouvernement de l'ex-Roi
Louis-Philippe, dont M. Guizot a fait onze ans
partie.

De tout temps le principe démocratique s'est
traduit par des systêmes constitutionnels, fondés
par les chefs des aristocraties, faisant partie des démocraties et les représentant. L'histoire ne nous
fait voir aucune démocratie sans aristocratie représentative, et nous croyons peu à la possibilité

de cette démocratie rêvée par les Communistes. Si le principe démocratique a renversé les systêmes constitutionnels qui ont été essayés en France, c'est que ces systêmes ne recevaient plus l'appui de l'aristocratie représentative *réelle,* de la démocratie.

Le principe de la Monarchie *absolue* est entâché en France de parjures, d'immoralité, de ruines publiques, de crimes odieux et d'intolérance religieuse.

Le principe de l'Aristocratie *nobiliaire privilégiée* traîne avec lui en France la tradition des honteux excès, de l'insolence, de la lâcheté morale des patriciens Français du 18ème siècle.

Le principe de la récente Royauté, dite *Constitutionnelle,* n'a pas échappé aux accusations méritées de parjure, d'immoralité, de ruines publiques et de népotisme.

La France ne saurait donc, selon nous, s'appuyer sur d'autres principes, traduisant le principe démocratique, que ceux d'une aristocratie de talent et d'écus, qui est la seule qui puisse aujourd'hui embrasser *hiérarchiquement* toute la nation Française, et dont les chefs sont alors les seuls qui puissent traduire les volontés libres du peuple.

Est-ce à dessein que M. Guizot oublie l'existence de cette aristocratie nouvelle de la France, qu'il oublie que lui-même était appelé à en faire partie, que ce sont les chefs de cette aristocratie qui ont fait la révolution de 1830, et qui ont donné le trône au Duc d'Orléans ? M. Guizot oublie.

Car il voudrait aussi oublier que le Gouvernement de Louis-Philippe, dont il a fait onze ans partie, dans lequel il a joué un rôle si important, est tombé pour avoir voulu substituer à cette aristocratie, expression vraie du principe démocratique, l'aristocratie des gens en place, expression fausse de ce principe.

M. Guizot ne remonte qu'à *l'effet* de la cause première de la révolution de 1848, il veut bien appeler cet effet la démocratie, le chaos ; mais la cause secondaire de l'élan de la démocratie, c'est l'impulsion que lui a donné la bourgeoisie, c'est-à-dire l'aristocratie réelle de cette démocratie ; et *la cause première* de toute cette indignation publique, était le Gouvernement dont M. Guizot a fait si long-temps partie, gouvernement impopulaire par ses actes de flagrante immoralité et de corruption.

Quand les siècles futurs se demanderont, avec étonnement, comment a pu tomber en un seul jour l'édifice populaire de la Monarchie de 1830, le nom de M. Guizot sera écrit dans les fastes de l'histoire à côté de celui de M. de Calonne.

II.

En France les réformes politiques se sont
faites par des révolutions. Chacun de ces mouvements révolutionnaires a remué l'Europe et le
monde, a éveillé partout des craintes, des inquiétudes, de la défiance, alors que la France ne
cherchait qu'à réformer des abus, qu'à étouffer
une usurpation de privilèges.

Pourquoi donc la France fait-elle ses réformes
les armes à la main ?

C'est que les chefs de la nation Française,
qui ont gouverné, n'ont invoqué à l'appui de
leurs actes qu'un principe anti-constitutionnel,
celui de l'absolutisme gouvernemental. Le
dogme politique, point de départ des *doctrinaires*, s'est trouvé n'être à-peu-près que le
seul frein que les Gouvernements de la France

aient cru devoir apporter à l'exercice du pouvoir qui leur était confié.

Cette abstraite théorie du dogme politique a masqué l'hypocrisie politique des hommes de ces Gouvernements.

L'hypocrisie est le plus triste appui d'un Gouvernement.

Cette hypocrisie a masqué cette pensée commune aux Gouvernements de Louis-Philippe et de la Restauration, qui voulant parodier le mot de Louis XIV, "La France c'est moi," ont dit, "Il faut résister, nous sommes conservateurs."

Résister, à qui ? Résister, à quoi ? Résister au mal, dit M. Guizot, et il nous apprend en 1849, que c'est à la lumière de la Révolution de 1830, qu'il a puisé sa conviction nouvelle.

" C'est à cette lumière," (*la lumière de la Révolution de* 1830 ! !) " que j'ai appris les conditions vitales de l'ordre social, et la nécessité de la résistance pour le salut."

Nous avons dit quelle nous paraissait être la *cause première* des misères récentes de la France, et de cette terrible agitation qui règne en France depuis Février 1848, que les peuples de l'Europe ont vu avec douleur et crainte.

Avec douleur, car ces luttes intestines devaient donner lieu à de sanglantes batailles, et
les peuples chrétiens savent que les hommes
sont frères ; avec crainte, car il pouvait devenir
de l'intérêt des chefs de la nation Française
d'exciter une guerre générale, et l'Europe sait
apprécier le rôle que l'intérêt individuel *a joué*
dans l'histoire de la France.

Nous allons étudier cette cause première
elle-même. Nous serons conduits dans cette
étude à parcourir souvent le même terrain que
M. Guizot, qui donne la *démocratie* pour
cause première à cet ensemble de misères
et d'agitations, tandis que nous, tout en admettant les conséquences funestes d'un appel
à l'insurrection, aux bras de la démocratie,
(le principe démocratique *immédiat*), nous don-
nons *les effets d'un faux principe de Gouvernement* pour cause première de la Révolution
de Février et de ses suites. Nous déclarons
croire que l'appel à l'insurrection qui a renversé
Louis-Philippe et M. Guizot a été *nécessaire*
pour sauver la France des conséquences ulté-
rieures, déjà très funestes, des effets du faux
principe de Gouvernement. La Révolution de
Février a créé un état de choses nécessaire

en France ; nécessaire au renversement de ce faux principe en entier ; nécessaire à la reconsolidation de la nation Française, et à la constitution d'une aristocratie *représentative* réelle et forte, sans laquelle une nation ne saurait subsister, d'après la conviction que nous avons puisée dans l'étude de l'histoire des peuples, que cette aristocratie représentative soit d'ailleurs héréditaire ou non.

En Angleterre, les Stuarts sont tombés par l'affaiblissement résultant de leur *individualisme*, par l'iniquité de leur politique intérieure et extérieure ; ils sont tombés pour ne pas avoir compris ou voulu comprendre combien étaient distinctes, combien étaient différentes cette opinion publique, qui n'est qu'éphémère, et cette opinion publique qui est l'expression de sentiments ardents et profonds répandus dans toute la nation, sentiments qu'aucun despotisme ne saurait étouffer, et qui prennent de la force dans la résistance même qu'on leur oppose.

En France il faut attribuer à ces mêmes causes générales la chûte récente du Gouvernement de Louis-Philippe. C'est dans les détails des causes et des conséquences de cette chûte que nous allons entrer.

" La résistance est nécessaire au salut : il faut résister au mal," dit M. Guizot.

M. Guizot n'a pas défini ce qu'il entendait par *le mal ;* sa résistance qu'il n'explique pas non plus, nous paraît donc vague et incertaine.

Résister, dans l'acception que lui donne M. Guizot, devient pour nous un de ces mots que jettent souvent aujourd'hui les partis politiques, et auxquels il serait difficile d'attacher un sens réel.

III.

Que l'on ne nous accuse pas de vouloir
captiver l'attention du lecteur par des raisonnements spécieux, afin d'arriver à persuader plutôt
par l'incertitude et le doute, que par des déductions logiques.

Il nous semble nécessaire d'aborder l'histoire
politique des Gouvernements qui se sont succédés en France. De cette histoire, plutôt que
des théories abstraites du siècle, peut ressortir le
remède que nous cherchons à l'état dangereux de
la France, et la définition du Gouvernement,
dont les détails suffiront aux trois conditions
vitales de tout *bon Gouvernement*.

C'est au mal social, au mal politique de
plusieurs siècles, que remontent les nécessités

actuelles de la France, ses nécessités sociales, ses nécessités politiques.

Qu'il serait grand aux yeux de la postérité ce chef de la nation Française que Dieu appellerait à *provoquer* l'établissement en France du bien social, du bien politique, à présider à cet établissement !

Le mal absolu, c'est l'absence de tout bien. Il ne saurait y avoir de mal absolu chez l'homme individuel, ou chez les peuples.

Chez l'homme que Dieu fit à son image, qu'il punit et qu'il racheta du péché originel; chez les peuples composés de ces mêmes hommes; chez les peuples dont l'association a été déterminée et maintenue par la morale et la religion, c'est-à-dire par le culte de Dieu; chez les peuples qui ne sauraient subsister sans moralité et sans religion, sans le culte de Dieu enfin, sous ces deux formes, la forme extérieure et la forme intérieure.

Le mal ne saurait être pour nous qu'une absence partielle du bien.

Cherchons donc quelles sont les nécessités de bien social et de bien politique, qui assurées à la France, assureront son existence nationale; mais qui, venant à manquer, ébranleraient assez et la morale et la religion, pour que Dieu, qui ne saurait permettre chez les peuples l'existence du mal absolu, ne permît plus à la France de rester peuple, et fît de cette grande nation, soit des peuplades nouvelles, soit des parties intégrantes de peuples déjà existants.

L'Empire d'Assyrie, l'Empire de Perse, ne sont plus, et pourtant ils étaient autrement importants, autrement puissants que l'Empire Français. Que reste-t-il du grand Empire Romain ?

L'histoire des peuples, c'est l'histoire de la justice de Dieu.

Dieu juge les peuples ici-bas !

S'il a désigné un terme à notre existence individuelle, s'il nous a fait mortels, après nous avoir créés immortels ; s'il nous a donné le Christ, pour que purifiés du péché originel par la mort, nous n'eussions qu'à aimer Dieu pour recouvrer notre glorieuse immortalité ; s'il a mis au-delà de la tombe le jugement qu'il prononce sur chacun de nous, et s'il lui a plu de nous laisser ainsi ignorer le sort de nos prédécesseurs, il n'en a point agi ainsi avec les peuples.

Quand les peuples ont failli devant Dieu, ils meurent.

Leur histoire est le procès de leur condamnation, leur disparition est l'exécution de la sentence que Dieu a passée.

Une famille s'étend, elle s'augmente, elle se moralise sous l'influence reconnue par tous, du père de tous, du *père de famille*. Puis elle s'augmente des étrangers qu'elle admet dans son sein, et que le bien-être général de la famille attire vers elle. La famille, en s'augmentant, devient *peuplade*, puis *nation*, telle est à-peu-près l'origine de tous les peuples.

Le père de famille devient le chef *de la peuplade*, le chef de la *nation*, le Roi.

Mais à mesure que *sa famille* s'étend, à mesure que *la nation* augmente, les conditions du bien-être général deviennent plus difficiles à régulariser; *le père de famille*, devenu le *chef* de *plusieurs* familles qui ne sont plus issues de son sang, devenu le *chef de la nation*, sent alors que la nation qui ne lui doit plus qu'une existence relative, ne lui doit obéissance qu'autant qu'il assure le bien-être de tous, l'existence de tous. Il délègue son autorité à un certain nombre de chefs de famille ; il délègue l'autorité qu'il a reçu de la *famille, du peuple;* et sentant sa faillibilité *individuelle,* il s'appuie pour faire des lois, pour *gouverner,* sur les autres *chefs de famille* auxquéls il a délégué une partie de son autorité ; il s'appuie sur *l'aristocratie.*

Mais pour que les chefs de famille, composant *l'aristocratie,* puissent concourir au bien-être général, le choix du *Prince* a dû tomber sur les chefs de famille que *les familles,* que l'ensemble des familles, avaient d'abord approuvés. La famille ou *le peuple,* (les communes plutôt) ont donc un droit de sanction pour *l'aristocratie* qui est *sortie* de cette famille, de ce peuple.

Nous voyons ainsi se constituer les trois pouvoirs de la nation, *le Prince, l'Aristocratie* et *les Communes.*

Le principe créateur de toute la nation, a donc été l'autorité du premier chef de famille, l'autorité du Prince Εικων Βασιλικον. Mais les mesures du Prince, et son choix d'une aristocratie, étant basés sur l'approbation générale ; le principe *conservateur,* qui est le principe de cette approbation générale, est le principe démocratique. L'expression médiate du principe démocratique, se trouve être le principe aristocratique que doit consulter le Prince, pour arriver à une expression vraie du sentiment démocratique, c'est-à-dire, du sentiment de la nation *entière*.

Il ne saurait donc, selon nous, y avoir d'absolu dans la nation que le principe *démocratique*, qui est la base de tout, mais dont l'autorité doit se trouver déléguée *à l'aristocratie*, et dont l'application, le pouvoir exécutif, est confié au Prince.

De ce premier état de choses, nous arrivons rapidement à l'état de choses actuel.

Si le Prince manque à ses devoirs, l'aristocratie a le droit, au nom du peuple, de le remplacer. En tête de cet ouvrage nous avons placé comme épigraphe, la formule du serment des Cortès d'Arragon. L'aristocratie Espagnole, le chapeau sur la tête, prêtait ce serment expressif en face d'un Roi absolu.

Si l'aristocratie et le Prince manquent à leurs devoirs, le peuple a le droit de remplacer le Prince et l'aristocratie.

L'aristocratie, en cherchant à abuser du droit qui lui était délégué par le principe démocratique, a causé quelquefois de grandes et de funestes secousses ; mais ces abus n'ont, en général, pris naissance qu'à la suite d'une décadence sociale et morale de la nation, précurseur d'une décadence politique complétée par l'anéantissement de la nation, ou par la régénération sociale puis politique de cette nation.

L'aristocratie usant de son droit en s'appuyant sur le principe démocratique, a souvent, au nom du peuple, restreint les pouvoirs du Prince.

En Angleterre l'aristocratie héréditaire est encore puissante et respectée par le peuple, car elle a défendu la cause du peuple, elle a organisé, elle organise encore les libertés de la nation. L'aristocratie Anglaise n'a pas failli à ses devoirs, et le peuple maintient son aristocratie et l'honore.

La grande charte de ~~Henry III~~ est arrachée par l'aristocratie. Les conquérants Normands sont forcés, par l'aristocratie, d'adopter les lois libérales données jadis aux Saxons par leurs Princes assistés du *Wittenagemote*, du Conseil de l'aristocratie Saxonne. Déjà en 1215, l'aristocratie Anglaise établissait ainsi les droits constitutionnels de tous : " *Nulli vendemus, nulli negabimus aut differemus, rectum vel justitiam*," déjà en 1215, par cette phrase so-lemnelle dont les Rois reconnaissaient le principe, l'aristocratie préparait pour le peuple cette loi de l'Habeas Corpus et cette loi du Jury qui, aujourd'hui encore, garantissent les libertés Anglaises.

En 1322, sous Edouard II, le pouvoir des Communes est reconnu ; sous Edouard III, en 1330, l'aristocratie, toujours active dans les intérêts du peuple, fait ordonner aux Rois que les Parlements, où siègent les Communes, s'assembleront chaque année; en 1350, ces parlements définissent dans *une loi* ce qui constituait le crime de haute trahison, "preuve certaine," comme le dit un de nos plus célèbres économistes, " que le peuple marchait à grands pas vers la civilisation et la liberté, alors qu'il faisait des lois auxquelles étaient soumises les chefs de l'état, et que ces lois touchaient de si près à la prérogative royale."

En 1381, les Communes désapprouvent le gouvernement de Richard II ; et l'aristocratie en 1389 remplace Richard par Henry IV, pour ne pas avoir tenu compte de la *remonstrance des Communes*.

Sous Henry IV, on reconnaît à la Chambre

des Communes *seule*, le droit de produire les lois des subsides.

Sous Henry VI, en 1429, le droit de vote est accordé aux électeurs payant quarante shellings d'impôt. Il est un fait curieux qu'à cette époque, la confiance des Communes dans l'aristocratie était telle, que la représentation du pays dans la Chambre des Communes était plutôt regardée comme un devoir onéreux et dur à remplir, que comme une place dans les Conseils de l'Etat que chacun dût briguer, et disputer à son voisin.

Depuis le règne de Henry VI, jusqu'à la Révolution, la marche progressive de la liberté Anglaise nous paraît suspendue. Mais aussi les terribles guerres civiles des deux Roses, avaient affaibli la vieille aristocratie Anglaise.

Sous les règnes de Henry VII, de Henry VIII, de Marie et d'Elisabeth, la volonté royale ne se témoigne que par des actes despotiques. Mais ce despotisme, que ne pouvait plus arrêter *l'autorité* de la noblesse Anglaise, est encore modéré par les conseils qu'elle donne au Prince.

Sous ces règnes despotiques, le peuple trouve dans les actes mêmes du despotisme, des garanties pour sa liberté future. Le peuple, s'il voit établir avec crainte la Chambre de l'Etoile sous Henry VII, la Cour de Haute Commission sous Elisabeth; s'il voit le Président de la Chambre des Communes, Sir Thomas More, s'agenouiller humblement devant le Cardinal Wolsey, représentant la couronne; s'il voit s'élever la doctrine du droit divin des Rois et de l'obéissance passive, le peuple pressent déjà sa liberté future dans la réforme de l'Eglise, qui le met à jamais à l'épreuve de la terrible Inquisition Romaine. L'instruction que répand déjà l'imprimerie naissante, fait aussi comprendre à ce peuple que son esclavage ne saurait être de longue durée.

Sous Jacques I, les Communes protestent déjà et se préparent, sous la conduite de l'aristocratie, à la lutte désignée par Lord Chatham, " Comme celle de la liberté contre le despotisme."

Sous Charles I, les actes Constitutionnels, arrachés par les hommes de l'aristocratie et des Communes, ne sont que la remise en vigueur des antiques lois organisatrices des libertés Saxonnes.

L'infortuné Charles I est immolé par le despotisme militaire qui avait surgi pendant la récente période de guerre civile, et que représentait le soldat Cromwell. L'aristocratie, qui chasse le fils de Cromwell après avoir souffert le père, chasse le dernier Stuart pour s'être trop souvenu des tyranniques maximes de son grand-père, et donne enfin à l'Angleterre Protestante, un Prince Constitutionnel et la Constitution de 1688. Pour la troisième fois la nation Anglaise maintient son droit de se choisir un Prince, et elle use de ce droit.

Mr. McCulloch, un de nos grands économistes que nous avons déjà cité, parle ainsi de cette révolution, " La facilité avec laquelle elle s'est accomplie, est sans précédent dans l'histoire, et montre bien ce qu'était alors la condition morale de la nation. Ces révolutions s'accomplissent généralement par un effort convulsif que souillent l'effusion de sang, et les luttes à main armée : en 1688, la révolution Anglaise se fit avec ordre et tranquillité, quoiqu'avec décision et fermeté ; elle se fit sans presque troubler les occupations de la vie paisible ; la raison, et non les passions excitées ou la vengeance, dicta cette mesure ; et l'on ne se résolut à faire une révolution que lorsque tous les moyens de réforme eurent été inutilement tentés."

Depuis 1688, l'histoire politique du Gouvernement Anglais ne contient que des actes constitutionnels ; cette histoire n'est que la constante application de la constitution de 1688, constitution renouvelée de la constitution Saxonne, constitution donnée à l'Angleterre par l'aristocratie Anglaise, approuvée et maintenue successivement par chaque Prince, qui a tenu le sceptre arraché à Jacques I. Le peuple Anglais, qui est juste, " *Vox Populi, vox Dei,*" honore son aristocratie comme elle doit l'être ; il la respecte, et voue à ses Princes un culte affectueux.

L'histoire politique de l'Angleterre, est l'histoire du développement du principe démocratique chez un peuple libre. La Constitution Anglaise est, en 1849, le résultat de ce développement *graduel.*

Nous avons fait un rapide résumé de l'histoire politique de l'Angleterre, nous allons maintenant aborder l'histoire politique de la France.

IV.

Il n'en a point été de la France, comme de
l'Angleterre. Les Mérovingiens sont remplacés
par Pépin, le plus puissant vassal de la couronne,
et la noblesse approuve ce changement. Mais la
royauté Française diffère essentiellement de la
royauté Saxonne. Les rois de France ne sont
d'abord que les chefs d'une hiérarchie féodale, que les généraux de cette grande armée
germaine qui *campe* dans la Gaule conquise.
Le service militaire est la seule considération
qui peut donner des droits, ou de l'autorité ;
les prêtres mêmes ne sont pas exemptés
de ce service, et mènent leurs soldats au
combat en les excitant, aussi bien que les Barons
et les autres chefs séculiers, au meurtre et au
pillage.

Charlemagne ne peut assurer l'unité de l'empire qu'il laisse à ses fils. Les grands vassaux finissent par déborder aussi les rois de la race de Charlemagne, et la dynastie de Hugues Capet vient remplacer les Carlovingiens.

Sous les rois de la troisième race recommence la lutte entre le trône et la noblesse féodale ; lutte que le plus puissant d'entre les grands vassaux avait déjà terminée deux fois en usurpant le trône. Cette lutte, bien différente de celle que soutinrent en Angleterre les grands Barons, en diffère encore d'avantage à mesure qu'elle continue. Elle différa dans sa cause, comme dans ses résultats.

Les héritiers de la race déchue de Charlemagne, avaient hérité aussi de la politique du seul des descendants de Charlemagne qui eut pu maintenir le trône, et l'assurer à ses descendants. Diviser pour régner, devient aussi la devise des Rois Capétiens. La sécurité ne pouvait être assurée aux Rois de France que par la guerre des grands vassaux entre eux. Aussi ces Rois fomentent les querelles, excitent les haines, les jalousies des grands Barons ; ils maintiennent adroitement une guerre incessante qui affaiblit leurs trop puissants sujets; puis à un moment donné, celui du partage des dépouilles opimes des vaincus, les Rois obtiennent souvent des vainqueurs qu'ils ont aidés, la concession d'une partie de ces dépouilles. Les croisades contribuent à augmenter la puissance des Rois Capétiens, les croisades qui affaiblissent les grands vassaux, et font apparaître en France un nouveau pouvoir, les Communes.

Philippe-Auguste fait faire de grands pas à la Monarchie Française. Plus que ses prédécesseurs il ébranle l'hiérarchie féodale, et porte déjà bien loin la bannière de l'absolutisme royal. Mais l'histoire réelle de la France, comme ensemble, ne nous paraît devoir dater que de la fin du règne de Louis XI.

C'est sous ce Roi qu'a lieu la lutte suprême de la royauté absolue contre l'aristocratie féodale, et la victoire semble s'attacher au char du Roi. La puissance des grands Ducs de Bourgogne s'écroule; l'Autriche et la France se partagent l'héritage de Charles le Téméraire; les Ducs d'Aquitaine disparaissent. La confiscation des biens des grands vassaux que Louis XI frappe de la hache et du poignard, contre lesquels il emploie les intrigues et le poison, vient enrichir la couronne. Le Connétable de Saint-Pol et les d'Armagnac ont en vain opposé la force contre l'astuce de Louis. Mais, dans cette lutte, le bien de la nation n'est pas encore mis en question, l'intérêt individuel est le seul mobile des guerres civiles, des insurrections, des traités. Le Roi et la noblesse ne s'occupent des Communes que pour s'en servir au besoin, et se les concilier par quelques concessions faites dans un intérêt tout individuel.

En France l'aristocratie était déjà vaincue, en Angleterre l'aristocratie avait vaincu le souverain ; mais aussi en Angleterre c'était au nom du peuple et des libertés générales que cette aristocratie combattait : elle avait restreint les pouvoirs du souverain, sans augmenter les siens.

Sous Louis XII., le mariage d'Anne de Bretagne réunit à la couronne le Duché de Bretagne ; puis le seizième siècle nous apparaît enfin avec ses guerres religieuses et ses luttes des Huguenots contre le Catholicisme, premières luttes qui aient eu en France un intérêt général, un principe de liberté.

Le règne de Henri IV termine ce siècle et ouvre le dix-septième, le siècle de Richelieu.

Le Ministre Cardinal s'attaque à cette noblesse usée et affaiblie par les guerres civiles, il la frappe sans relâche, il détruit la résistance Huguenote, et jette enfin cette noblesse, vaincue, au pied du trône.

Richelieu avait porté au pinacle l'absolutisme Royal dont il s'était investi, il avait brisé les barrières entre la Royauté et les Communes ; ces deux puissances devaient, dès-lors, se trouver en présence ; une nouvelle lutte allait s'ouvrir. Déjà les Parlements se remuent, et les Parlements c'était les Communes, c'était le peuple, c'était le noyau de la nouvelle aristocratie réelle et représentative de la nation. C'était des Parlements que devait sortir l'impulsion révolutionnaire.

Richelieu mourut, il laissa une monarchie absolue usurpée, et un Mazarin pour enseigner au fils de Louis XIII l'art de gouverner ce peuple que Dieu lui avait confié. Mais Mazarin devait oublier d'apprendre à Louis XIV que c'était Dieu et le peuple qui lui permettaient d'être le chef de la nation.

L'aristocratie voulut se retremper par la

faveur populaire ; elle souleva contre le principe d'absolutisme, continué par Mazarin, les Communes inquiètes et déjà jalouses de leur liberté étouffée.   La Fronde éclata.

Cette première opposition des Communes resta incomprise et de Mazarin et de la noblesse. De Mazarin parcequ'il crut qu'en domptant les Parlements, il détruisait le principe de leur résistance ;   de la noblesse qui ne regrettait que les privilèges abusifs que Richelieu avait achevé de leur enlever, de la noblesse qui voulait le pouvoir, pour se livrer impunément à cette immoralité, à ce croissant dévergondage que les Rois du seizième siècle avaient excité en donnant eux-mêmes l'exemple de tous les vices, de toutes les turpitudes.

Quand Mazarin mourut, après avoir fait triompher la Cour qui l'avait adopté et à laquelle il s'était identifié en devenant le maître, Louis XIV qui avait souvent dit—le Roi de France, c'est le Cardinal—se prit un jour à dire, "La France c'est moi." Louis XIV prépara, plus que tout autre, la terrible explosion de la colère du peuple, que l'on a appelé Révolution Française.

Il achève de démoraliser l'aristocratie, il

l'envoie chercher au fond des provinces pour
la dégrader à Versailles ; il la rend libertine et
débauchée alors qu'il se sent libertin et débauché ;
puis quand l'âge vient apporter au grand Roi
ces terreurs précurseurs de la mort des grands
égoïstes, il rend cette aristocratie aussi mépri-
sable que vicieuse en la rendant hypocrite. Il
écrase le pays d'impôts pour suffire à ses
plaisirs royaux, au nombre desquels la guerre
n'est pas le moins dispendieux, et meurt enfin,
détesté de tous, mais craint, parceque vers la
fin de son odieuse vie, il joua le Néron, ou
plutôt le Gallien et ruina le commerce de la
France en détruisant l'effet du travail du grand
Colbert, par la révocation de l'édit de Nantes.

La Régence et le règne de Louis XV,
achèvent d'obérer la nation, et de dégrader et
de rendre infâme l'aristocratie nobiliaire. La
centralisation à laquelle Louis XIV avait aidé
de tout son pouvoir dans un but d'influence
personnelle, afin qu'en étendant son réseau sur
la France dont Paris et Versailles étaient les
centres, il fut plus à même d'étendre son
autorité absolue ; la centralisation, comme l'avait
jugée Louis XIV, rend plus complète et plus
rapide la soumission de la noblesse aux

volontés du Roi. Ces volontés royales, sous Louis XV, se manifestent en crimes de toutes sortes, et le Monarque et sa famille donnent l'exemple à la noblesse, qui s'efforce à l'envi de dépasser les horreurs de la Régence.

Ces horreurs furent dépassées, et le peuple vit tout cela.

Puis un jour Louis XVI monta sur le trône. Voulait-il réformer les immenses, les intolérables abus de la constitution politique et sociale? Voulait-il le bonheur de son peuple entier au prix des sacrifices nécessaires? Ou bien, craignait-il seulement la mort de Louis *le bien-aimé*, et la honte d'un règne pareil? Voulait-il renouveler l'édifice chancelant de la Monarchie, en la retrempant en entier et au prix de son absolutisme? Voulait-il seulement réparer, redorer cet édifice?

M. de Calonne fut, hélas! son ministre favori; et M. de Calonne a été de cette classe de Ministres à laquelle appartient M. Guizot. Il a flatté la cour et supporté son immoralité par amour du pouvoir.

Il a espéré, il a cru par orgueil.

Il a tout craint, mais par-dessus tout, la défaveur royale, et cette crainte suprême l'a rendu hardi quand il s'est agi de plaire au Roi.

Il a passé pour grand Ministre, tant qu'il est resté Ministre, parcequ'il était habile rhéteur, et qu'il savait assumer une assurance extérieure inébranlable.

Il est tombé, et ses fautes sont si flagrantes, que c'est d'elles seules que parlera l'histoire.

Nous arrivons au moment où le torrent de l'indignation populaire rompt enfin toutes les digues. Cette révolution sociale et politique, qui s'accomplit encore aujourd'hui, commence avec le règne de l'Assemblée Constituante.

Louis XVI *innocent*, paie de sa vie les crimes de ses pères ; son aristocratie *coupable* est frappée du même glaive que lui. L'aristocratie héréditaire et la royauté avaient failli toutes deux à leurs devoirs.

Certes, nous n'excusons pas la mort de Louis XVI, nous ne l'excuserons pas plus que l'assassinat de Charles I. Il n'est permis à une nation de frapper son souverain de mort que dans des circonstances de tyrannie épouvantable et extrême. On ne saurait ainsi condamner le décret du Sénat qui frappa *Néron* de mort ; mais on ne saurait accuser ni Louis, ni Charles des crimes de ce détestable Empereur Romain.

Nous reconnaissons toutefois le droit de la nation, et l'exercice qu'elle fit de ce droit, de reprendre le pouvoir souverain des mains d'une royauté, d'une aristocratie dont la déchéance était justifiable, était nécessaire après tant d'excès, tant de crimes, tant de hontes royales et aristocratiques.

Le pouvoir souverain étant retombé aux mains de la nation, quel usage a-t-elle fait de ce pouvoir souverain depuis 1792 ?

V.

L'histoire des peuples nous apprend, que lors de ces périodes révolutionnaires, qui s'accomplissent à certaines époques chez tous les peuples, les chefs de l'état courent souvent de grands dangers. Chez un peuple en révolution, les manifestations de la désapprobation ou de l'indignation populaire, sont fréquentes et presque toujours violentes. Quand la susceptibilité d'une nation est poussée trop loin, la nation exagère tout ; une faute, une erreur politique devient un crime. Les hommes, aveuglés par la violence des haines de parti, par la colère avec laquelle se discutent alors les opinions politiques, voient un ennemi dans un adversaire politique, alors que tous deux souvent ne veulent que le bien général, le bien de la nation.

La conduite politique des chefs de l'Etat, est aussi discutée avec colère, avec haine. Ces hommes, populaires un jour, sont souvent impopulaires le lendemain et peut-être exposés au poignard de l'assassin ou à la hache du bourreau qui les assassine juridiquement.

Ouvrez l'histoire. Que de victimes a coûté cette exagération des esprits! Chaque peuple possède plus ou moins de ces sanglants souvenirs. Les places des palais sont souvent les places des supplices. La licence l'emporte sur le respect habituel qui protège l'autel et la tombe. L'humble tapis de verdure qui recouvre d'humbles cendres, dans quelque cimetière de village, offre aux restes mortels un abri plus assuré que des pyramides comme celles des Pharaons, des mausolées, des cathédrales, et des édifices aux blocs de pierre scellés sur la dépouille des grands du jour, comme pour défier l'éternité.

Nous croyons que l'effet de l'extrême sévérité que les peuples en révolution attachent à la punition des fautes politiques, est de rendre le patriotisme des chefs de l'Etat, plus rare que dans des circonstances normales. Le calme nécessaire aux bonnes appréciations gouvernementales est enlevé à ces hommes pendant ces périodes de troubles, et toute appréciation exempte de considérations individuelles est rendue à peu près impossible.

En effet, en présence du danger de mort imminente, dont les chefs de l'Etat d'un peuple en révolution sont si souvent menacés, il y a peu d'hommes qui poussent la puissance du courage moral jusqu'à faire abstraction complète du sentiment de la conservation personnelle.

Il y en a encore moins qui joignent à cet extrême courage la supériorité de l'intelligence, la justesse de l'appréciation, le désir ardent, absolu, infatigable du bien, l'amour de Dieu et des hommes !

L'intelligence forte, la grande capacité, la parfaite honnêteté, le sentiment religieux donnent *souvent* le courage moral. Mais les hommes qui possèdent ces qualités *sans* le courage moral, qui, aux époques normales, pourraient briller parmi les chefs de l'Etat, et arriver jusqu'à passer même quelquefois à la postérité comme de grands hommes, qui, appelés, aux époques normales, à faire partie du Gouvernement de la nation, seront d'une grande utilité, d'une grande importance au pays ; ces mêmes hommes attelés au char de l'état par un peuple en Révolution, seront non seulement inutiles à l'établissement du bon gouvernement, mais s'ils s'élèvent malheureusement jusqu'aux sommités gouvernementales, où le danger sera plus éminent, ils causeront par leur faiblesse d'épouvantables catastrophes.

Ce cri incessant des peuples en révolution, *des hommes ! des hommes !* s'explique. La nation sent que les hommes des époques normales ne lui suffisent plus, qu'ils sont le plus souvent dangereux. Le peuple a toujours délégué, déléguera toujours son autorité. L'histoire ne fait mention d'aucun peuple, où la démocratie, où l'ensemble du peuple ne fût pas représenté par une aristocratie. Les Communistes qui parlent avec insolence cette langue du sophisme social, veulent, avec l'inconséquence qui caractérise les utopistes, étouffer à jamais le principe hiérarchique qui existe dans toutes les sociétés et d'où sortiront éternellement des aristocraties représentatives, en se substituant, eux *docteurs de la loi*, à l'aristocratie naturelle basée sur le principe hiérarchique *inné* chez les sociétés. Ces docteurs, dont le dogme ne repose que sur le raisonnement abstrait, base de la conviction qu'ils ont dans leurs utopies, ces docteurs de la loi voudraient fonder une aristocratie oligarchique composée d'eux seuls, aristocratie, plus absolue, plus intolérante qu'aucune des aristocraties oligarchiques dont l'histoire ait jamais fait mention. La première condition de liberté absolue qu'ils devraient reconnaître, c'est la liberté de ne pas être Communiste, de ne pas voir le principe du contrat, c'est-à-dire, de la propriété, de la liberté individuelle, soumis à l'approbation de ceux qui, comme les Pharisiens dont parle le Christ, ne voient de sagesse qu'en eux.

Qu'il est absurde que ces hommes qui parlent de moralité et de néo-catholicisme, n'aient pas assez confiance dans leur propre doctrine pour se contenter de l'exposer, sans vouloir en faire eux-mêmes l'application !

Qu'ils se souviennent donc, ces hommes impies, que Dieu veille· sur les peuples et leur fait accepter ce qui est bon, rejeter ce qui est mauvais. Qu'ils se souviennent donc que les martyrs du christianisme se laissaient égorger les armes à la main, sans offrir de résistance, que le fils de Dieu, en développant sa morale chrétienne, payait le tribut à César. Ils osent comparer le Communisme au Christianisme, mais ils n'osent accepter l'épreuve du christianisme, la persécution. Il est vrai de dire qu'on ne les en juge pas dignes.

VI.

Quand Mirabeau, sûr de l'approbation de ses
collègues, fit à M. de Dreux-Brézé la fameuse
réponse dont parle l'histoire, il ouvrit d'une
manière distincte la lutte révolutionnaire, en
proclamant les droits du peuple, et en mettant
au défi les classes qui avaient usurpé ces droits
que lui Mirabeau venait revendiquer.

Non-seulement la royauté et l'aristocratie
refusaient de reconnaître des droits au reste de
la nation, mais encore ils se considéraient la
nation, ou plutôt ils ne considéraient qu'eux.
Nous avons tort, ils reconnaissaient *un* droit à la
nation, le droit de les servir.

Mirabeau et son parti ne nous paraissent
pas avoir voulu exercer la vengeance qu'exerça
plus tard la révolution. Mirabeau nous semble
n'avoir voulu que forcer l'aristocratie et la
royauté à descendre des hauteurs imaginaires

où elles s'étaient élevées, à rentrer dans le cadre des obligations morales et civiles d'où elles étaient complètement sorties, et à se soumettre à une régénération complète, par le contact et l'influence des classes *Ilotes*.

Mirabeau, dont l'expérience était puisée dans la résistance *individuelle* aux effets du despotisme, voulait une justice égale pour le peuple, il voulait la soumission de tous à l'opinion, librement exprimée, d'un peuple devenu aussi libre que Dieu l'avait fait.

Anglais, nous comprenons la pensée de Mirabeau. Souffrons-nous une injustice, nous souffrons l'expression *légale* de cette injustice et nous en appelons, non à la force brutale, non à l'insurrection, dont tout Anglais comprend instinctivement le danger, mais nous en appelons constitutionnellement "favente Deo" à la modification de la Constitution, afin que *nos fils* ne se ressentent pas de l'injustice qui a frappé *leurs pères*.

Anglais, nous voulons que nos fils respectent la patrie et puis nous, nous nous taisons quand nous souffrons, mais nous épargnons des souffrances à nos successeurs.

Nous avons peur des révolutions, nous ne

faisons des réformes qu'en tremblant. Une crise a-t-elle lieu ? Le peuple se soumet en Angleterre à la décision des chefs de l'hiérarchie aristocratique. Si la lutte en Angleterre s'engage dans la rue elle n'est pas sérieuse. Chacun court étouffer l'émeute ; chacun sent bien que l'Angleterre perdrait *trop*, si l'ordre social se modifiait, si les chefs de l'aristocratie perdaient leur influence. Aussi que l'on nous pardonne cet enthousiasme qui est tout aristocratique, parceque le sentiment *national* de l'Angleterre est aristocratique ; que la France surtout comprenne bien que ce sentiment patriotique, c'est-à-dire aristocratique en Angleterre, se modifie par la moralité, à tous les siècles, à toutes les époques, à toutes les exigeances. La devise de l'aristocratie Anglaise, dont le chef est le Prince affectueusement respecté de tous, est depuis six siècles la devise de toute la nation, "*Nolumus Angliæ leges mutari.*"

Puisse la France adopter incessamment cette devise, que l'aristocratie Anglaise a donné à l'Angleterre, qu'une aristocratie pareille donnerait à la France.

Mirabeau se sentit débordé et devina les excès probables de la Révolution. Il devait alors chercher ouvertement, non *à résister* aux idées nouvelles qu'il avait encouragées, mais à diriger la marche de ces idées nouvelles, en écartant complètement de la Cour le pouvoir exécutif, sans le jeter aux mains d'un autre parti que celui de la majorité de la Chambre, de cette Chambre qui était l'expression libre de la représentation de la nation.

Le pouvoir exécutif eut alors suffi aux nécessités de détail du *bon gouvernement*, il fut devenu fort. Il eut aisément réprimé les premières fureurs populaires, les premiers excès de la Révolution, dont sont dérivées tant de calamités, tant de hontes. Ce pouvoir n'eut pas permis la résistance intempestive de la Cour, apportée directement, et indirectement au moyen de l'influence de la Cour sur le pouvoir exécutif tel qu'il s'est trouvé constitué au commencement de la Révolution. La Gironde et la Montagne se fussent alors seules disputé la préséance. La Gironde se fut renforcée des hommes qu'elle a été obligée de détruire, parceque ces hommes étaient à la Cour, qui tenait à avoir un parti distinct. La Gironde se fut alors trouvée, nous le croyons, plus forte que la Montagne ; elle eut pu tout d'abord dominer la Montagne dans la rue, et empêcher les excès de l'émeute, en faisant venir à Paris des troupes que la crainte seule de la Cour empêchait d'être appelées.

Mirabeau vit le danger; il le craignit, il en fut épouvanté. Le courage moral lui manqua; il eut si peur qu'il n'osa s'exposer à perdre sa popularité, en cherchant à organiser les partis de l'Assemblée. Il n'osa, comme il le devait, comme il le pouvait, réduire la Cour au néant, et s'appuyant sur son parti seul, exploiter ses ressources parlementaires. En agissant ainsi, il eut donné au pouvoir exécutif, qui devait être en opposition au Roi, tant que le Roi était soumis à l'influence de la Cour, une force basée sur l'approbation publique, que devait diminuer un alliance avec le Roi. Il voulut se concilier le Roi et la Cour, pour sauver son individualité par la popularité générale. En se conciliant le Roi et la Cour il n'osa, *dans l'intérêt général,* sauver le Roi en exigeant de lui qu'il sacrifiât la Cour.

Mirabeau traita avec la Cour, avec le Roi; il eut dû traiter avec le Roi, en le séparant de la Cour.

Mirabeau mourut, et ce qui plus tard fut appelé sa trahison, ce que nous appellerons sa faiblesse ou sa lâcheté, prépara *la terreur* que son génie avait prévue.

La Royauté, par égoïsme, avait tué l'aristocratie ; le dernier noyau de l'aristocratie, la Cour, tua le Roi par égoïsme. Pour conserver quelques lambeaux de privilèges, la Cour fit adopter au malheureux Louis XVI une politique de cabales et d'intrigues, indignes d'un Prince qui avait enfin abjuré l'absolutisme usurpé par ses prédécesseurs. Cette politique amena le 10 Août, et conduisit Louis XVI au Temple. L'égoïsme de Mirabeau avait préparé le reste. La Montagne voulait une victime ; Louis XVI monta sur l'échafaud. Et quand la guillotine eut fait tomber les premières têtes, ceux qui avaient poussé au meurtre, se rappelèrent sans doute que Dieu avait dit : "Celui qui frappera avec l'épée, mourra par l'épée." Ils eurent peur. Mais ils n'avaient peur que des conséquences du crime, et non du crime ; c'est cette peur qui leur fit tuer tous ceux qu'ils pouvaient craindre ; ils firent plus, ils finirent par tuer indistinctement.

Aveuglement étrange ! Ces hommes qui poussaient à la résistance, à l'invasion étrangère, qui maintenaient la puissance nationale

au-dehors, qui réformaient les lois à l'intérieur, qui s'étaient substitués à la Royauté
et à son pouvoir, ces mêmes hommes retar-
daient le bonheur de la France par leur terrible
individualisme. Ils virent partout des conspi-
rateurs et des conspirations. Ex-conspirateurs,
ils voulaient échapper par " la terreur" aux
dangers de la conspiration contre leur absolutisme usurpé.

Que de génies la lâcheté morale a obscurcis !
De ces génies, Robespierre est peut-être l'un des
plus grands. Cet homme, à qui les atroces
maximes du détestable Marat faisaient horreur,
devient le Marius de cette ère de proscriptions.
La peur, la hideuse peur lui cache l'application
de sa Déclaration des droits de l'homme, et
quand sa tête roula sur l'échafaud saturé du
sang de ses victimes, la France, qui eut dû
prendre le deuil sans le terrible individualisme
développé par la lâcheté de cet homme, la
France battit des mains.

Le prologue de la Révolution Française venait de finir, et la société se fouilla pour se
reconstituer. Alors apparut dans toute son
étendue *le besoin* que la France éprouve encore
aujourd'hui, et que nous proclamons hardiment,

4*

celui d'une aristocratie représentant réellement le corps politique de la nation. Deux principes de reconstitution se présentèrent ensemble. L'un faux, mais spécieux, et remplaçant provisoirement les exigeances immédiates. L'autre vrai, mais indistinct, et pouvant exposer la France à de nouvelles orgies révolutionnaires; pouvant peut-être laisser périr la France, par son développement tardif quoiqu'inévitable. L'un reposant sur la possession d'une partie plus ou moins grande du pouvoir gouvernemental, soit exécutif, soit législatif, quel que fut d'ailleurs la sanction du Gouvernement lui-même ; l'autre reposant sur le degré d'utilité générale que donne la propriété territoriale ou commerciale et le talent qui fait valoir cette propriété, d'abord dans l'intérêt individuel, et inséparablement dans l'intérêt général. L'un reposant sur le dogme, l'autre reposant sur la seule évidence. L'un, enfin, le principe de l'aristocratie des gens en place ; l'autre reposant sur le principe de l'aristocratie de la bourgeoisie et du talent ; nous appellerons plus succinctement ce dernier principe, *l'aristocratie de la propriété.*

Ces deux principes n'étaient pas nouveaux ; mais le principe de l'aristocratie nobiliaire avait été si puissant, résumait une si grande partie du principe de l'aristocratie des gens en place en occupant toutes les places importantes, et du principe de l'aristocratie de la propriété par ses vastes richesses féodales, que ces deux principes ne s'étaient pas encore heurtés violemment, et paraissaient s'être absorbés dans le principe de la hiérarchie générale. Les droits attachés à la naissance, aux quartiers de noblesse, à la prérogative royale, venant à perdre tout à coup leur effet, ces deux principes parurent dans leur nudité. Mais l'aristocratie de la propriété n'était pas encore organisée, n'était pas encore hiérarchiquement établie et reconnue. La vente des biens nationaux, la confiscation, la guerre avaient bouleversé toutes les fortunes commerciales, toutes les fortunes territoriales ; et les fortunes sous le Directoire et le Consulat étaient trop récentes pour être populaires ou pour s'être fortement consolidées entre elles.

L'aristocratie des gens en place, au contraire, était déjà hiérarchiquement constituée et avait pu devancer l'aristocratie de la propriété commerciale et de la propriété territoriale ; elle avait pu se faire une popularité, factice il est vrai, qui la rendait d'une importance bien plus *immédiate* que l'aristocratie de la propriété ; elle se recrutait d'ailleurs de toute la hiérarchie

militaire essentiellement importante, essentiellement populaire pendant cette période de guerre.

L'aristocratie des gens en place, la plus corruptible de toutes les aristocraties, régna en
France après la vieille aristocratie nobiliaire
à laquelle elle succéda. Cette aristocratie oligarchique était plus corruptible que l'aristocratie nobiliaire, sans être aussi corrompue
qu'elle. Sa force, qui paraissait reposer sur
l'approbation générale, ne reposait en réalité
que sur l'autorité des chefs du pouvoir exécutif
et sur leur habileté à servir leur individualisme,
leur cause toute individuelle. Cette habileté
consistait à faire de rares concessions à l'intérêt général ; à faire considérer, comme dérivant essentiellement d'eux et d'eux seulement,
ces conditions de bien-être social et politique
qui venaient réellement de l'influence toute
inorganisée, toute faible qu'elle était, de l'aristocratie de la propriété.

Telle était cependant la faiblesse *réelle* de cette
aristocratie des gens en place, que déjà, à la fin du
Directoire, cette aristocratie était usée et n'offrit
aucune résistance à l'hiérarchie militaire qu'elle
s'était incorporée et dont la popularité avait
debordé la sienne. La hiérarchie militaire en
effet, assurait au pays une des conditions de

bon gouvernement, *la sécurité contre les attaques du dehors.* L'aristocratie des gens en
place, quoique renfermant de puissantes capacités, étouffée par le principe d'individualisme,
base de cette aristocratie, n'assurait rien et fut
même obligée d'appeler l'hiérarchie militaire à
son secours, afin de maintenir l'ordre si nécessaire à l'existence d'un gouvernement quelconque ; elle s'était jusqu'alors prévalu de maintenir
l'ordre par l'effet moral de sa popularité.

La hiérarchie militaire ou aristocratie de
l'Empire, se substitua sans secousse à la première
aristocratie des gens en place de la Révolution.
Mais aussi cette aristocratie, ne reposait que sur
une popularité factice dépendant, peut-être plus
que l'autre aristocratie, de l'habileté de ses chefs
dont les talents guerriers d'abord, donnaient à
toute cette hiérarchie une auréole de brillante
popularité, reposant sur ce que les Français
appellent la gloire.

L'absolutisme gouvernemental devait infailli-
blement être délégué par cette aristocratie à
celui sous la conduite duquel la popularité de
cette aristocratie s'était le plus accrue, et la
France salua l'avènement de Napoléon à l'Empire.

VII.

Napoleon eut pu dire, avec plus de raison
que Louis XIV., "La France c'est moi." Napoléon avait des droits à l'absolutisme par le
caractère même de son élection par la nation
Française.

Le règne du despotisme Impérial commença.

Long-temps le grand Empereur étouffa l'individualisme auquel il devait, plus tard, céder
si complètement. L'impunité parfaite attachée
aux fautes politiques qu'il pouvait commettre,
l'adulation de toute la France, pour laquelle il
est encore un demi-dieu, devait développer
un jour cet individualisme. Il ne voulut long-
temps que la grandeur et le bonheur de la
France. Il réforma les lois, il voulut donner

aux peuples des institutions durables. Mais
il céda enfin à sa passion pour la gloire militaire ; il eut d'imprudentes affections pour la
famille à laquelle il croyait encore trop appartenir, lui qui appartenait déjà à la France ; il
étouffa le principe libéral de toutes les institutions qu'il avait données à la France. Il tomba,
et son individualisme fut la cause principale de
sa chûte.

Quand Napoléon fonda son Empire, il voulut
aussi en fonder la société. Il comprenait la
nécessité d'une aristocratie : il encouragea d'abord
la formation de cette aristocratie sur des bases
réelles ; il n'hésita pas à donner au peuple cette
garantie d'une classe intermédiaire, quoique
sachant bien sans doute, qu'une aristocratie
devenue forte et populaire, qu'une aristocratie
représentant réellement la nation devait tôt ou
tard s'opposer, au nom du peuple, aux volontés
absolues d'un seul.

Les aristocraties réelles, les aristocraties utiles
au pays ne se constituent que lentement, n'ac-
quièrent que lentement ces subdivisions d'une
hiérarchie nationale, qui commence au Prince,
et ne s'arrête pas même aux classes les plus

infimes qu'elle embrasse et subdivise jusqu'au dernier citoyen.

Napoléon voulût produire immédiatement une aristocratie forte et puissante. La tâche qu'il se proposait était au-dessus même de ses forces ; il ne pouvait *qu'encourager* la reconstitution de l'aristocratie *réelle*. Napoléon alla trop loin dans son désir de tout recréer en France. L'aristocratie qu'il fonda ne devait devenir qu'une oligarchie de gens en place, dont le mobile principal devait être l'intérêt individuel, et non l'intérêt général de la nation. Certes, nous ne croyons pas que Napoléon voulut une pareille oligarchie ; mais elle se forma malgré lui.

Hérédité, titres, et par conséquent naissance, propriété, places, grades militaires et civils, furent mis en avant par lui pour assurer la hiérarchie aristocratique. Mais le principe de l'aristocratie des gens en place prit des forces, malgré l'Empereur, par la nécessité où Napoléon se trouva, en raison de la condition permanente de guerre de son règne, de prendre l'hiérarchie *militaire* pour base principale de son système, et non pour complément de ce système.

A mesure que l'individualisme du chef de l'Etat se développe, le principe de la hiérarchie militaire s'identifie avec celui d'une oligarchie de gens en place ; et le principe tout entier de ce que l'on appelle l'aristocratie de l'Empire, n'est bientôt plus que celui de cette oligarchie, de l'aristocratie des gens en place. On vit alors en France quatre pouvoirs cherchant à se détruire et ne pouvant se balancer.

Celui du Prince.

Celui d'une oligarchie de gens en place, oligarchie dérivée du Prince, oligarchie tout individuelle et prête à se séparer du Prince selon l'intérêt individuel qui avait porté d'abord cette oligarchie à s'attacher à lui.

Celui de l'aristocratie de la propriété, aristocratie bourgeoise, réelle, reposant sur une popularité réelle, et représentant réellement le corps politique de la nation.

Un quatrième pouvoir se présentait enfin, oligarchique, individuel comme celui de l'aristocratie des gens en place, plus inique encore dans son essence que cette oligarchie. Ce pouvoir s'intitulait insolemment, l'élément démocratique ou républicain. Il manquait encore de force ; puisse-t-il toujours en manquer, et nous croyons qu'il en manquera. C'était, en réalité, l'élément anti-hiérarchique complet. Depuis les sectes des faux apôtres, jusqu'à l'apparition de M. Proudhon, cet élément se montre dans l'histoire sous vingt formes différentes ; il s'est appelé de nos jours Républicanisme, Saint-Simonisme, Fouriérisme ; il s'appelle encore Socialisme, Communisme.

De même que la folie et la sagesse, que le bien et le mal ont existé de tout temps et ensemble chez tous les peuples, de même cet élément anti-hiérarchique a toujours existé à côté du véritable élément démocratique. Il s'est intitulé l'élément démocratique, comme le vice s'est appelé la vertu. Aujourd'hui M. Guizot veut, en 1849, nous prouver que la démocratie c'est le Socialisme. MM. Proudhon, Louis Blanc, et les insurgés du 23 Juin, veulent prouver, chacun à sa manière il est vrai, que le Socialisme c'est la démocratie. Le discernement que Dieu a donné à l'homme a toujours empêché, empêchera toujours, de confondre, si ce n'est à dessein et dans un intérêt quelconque, la " Démocratie ;" et ce que l'on appelle aujourd'hui le Communisme ou le Socialisme, ce qu'on désignera dans vingt ans par quelque autre nom. Quant à MM. Proudhon et Louis Blanc, ils ont peut-être raison si la *démocratie* doit s'entendre de l'ensemble des ouvriers malheureux et malhonnêtes, et des infimes populations manufacturières, à l'exclusion des classes riches, aisées et éclairées, à l'exclusion de toute la population agricole; mais nous n'admettons pas que la démocratie ne soit que cet ensemble. La démocratie comme l'aristocratie, doit embrasser l'ensemble de *toute* la nation. La démocratie comprend la monarchie et l'aristocratie représentative quelle qu'elle soit. La démocratie, c'est la société chrétienne, c'est la société avec toutes ses divisions, toutes ses distinctions, toutes ses classes. La démocratie, ce n'est pas le socialisme.

L'aristocratie de la propriété fut toujours opposée à cette guerre éternelle que l'Empereur semblait avoir déclaré au monde. La France, bien avant la fin de l'Empire, gémissait du prix qu'elle payait chaque glorieux bulletin.

Le jour des défaites arriva.

Au Nord, au Midi, l'Empereur chancelle sur le trône; le grand génie sur lequel s'est appuyé la France, pour se sauver, veut à son tour s'appuyer sur la France; mais la France le repousse. Triste spectacle ! toute cette hiérarchie qu'il a soutenue, l'abandonne.

L'aristocratie de la propriété qu'il n'a pas fondée, qu'il a toutefois aidée à se développer, qu'il a maintenue et dont il a supprimé l'importance par la continuation de la guerre et par la promotion excessive de l'oligarchie des gens en place, l'aristocratie de la propriété veut sa chûte.

Elle oppose aux bulletins d'Austerlitz, de Jena, de Wagram, de la Moskowa, les campagnes incultes par le manque d'hommes valides, le deuil général, l'herbe croissant dans les grandes rues des villes, la cherté des subsistances, le commerce ruiné, les manufactures sans débouchés.

Il y a des faits qui parlent haut. A chaque victoire de l'Empereur les fonds publics baissent, à la nouvelle d'une bataille douteuse, d'une retraite, d'une défaite, les fonds publics montent !

L'oligarchie des gens en place, fut honteusement ingrate, car elle devait tout à l'Empereur. Napoléon avait prodigué les richesses positives ainsi que les honneurs aux chefs de cette oligarchie. Ces hommes firent alors partie des chefs de l'aristocratie de la propriété. Devenus indépendants de l'Empereur, par la protection même de l'Empereur, cette dépendance qu'ils avaient recherchée et par laquelle ils s'étaient élevés, leur devint à charge. Ils comprirent que si l'Empereur tombait, son absolutisme tomberait avec lui. Ils espérèrent, par la position même qu'ils avaient maintenant acquise dans l'aristocratie de la propriété, pouvoir être à même de rentrer après la chûte de Napoléon dans l'oligarchie des gens en place, à laquelle ils crurent, et avec raison, devoir être transmis l'absolutisme impérial, toujours à l'exclusion de l'aristocratie de la propriété.

La part active que prit à la chûte du grand Empereur, l'oligarchie des gens en place dont lui-même avait rendu l'influence si considérable, hâta sa déchéance et l'avènement des Bourbons.

Comme toujours, cette oligarchie prit les devants, et, avec une exagération qui s'accordait avec ses vues *d'intérét individuel*, elle fit croire que cette résistance à l'Empereur était spontanée; et cependant cette oligarchie n'osa la manifester que dans les malheurs du grand homme, et cette résistance provoqua la fameuse harangue de l'Empereur aux députés du corps législatif, députés qui lui furent honteusement soumis, honteusement insoumis.

Napoléon le Grand tomba.

Les fonds montèrent, et l'aristocratie des gens en place, appuyés sur la position qu'ils s'étaient faite dans l'aristocratie de la propriété, reçut dédaigneusement l'ex-aristocratie nobiliaire, qui vit que les places et la propriété étaient deux principes aristocratiques plus absolus, plus généraux, plus démocratiques que le sien.

VIII.

L'ARISTOCRATIE nobiliaire, dépossédée presque
entièrement de la propriété, comprit que l'oligarchie des gens en place avait hérité de l'absolutisme de Louis XIV et de Napoléon.

L'aristocratie nobiliaire s'attaqua donc aux
places pour reconquérir sa position passée dans
la constitution de l'Etat.

Dans cette conquête, qu'elle se figurait
facile, elle trouva deux oppositions. Le
principe de la monarchie constitutionnelle représentative, consolidé mais étouffé par l'Empereur, et que sa chute développa immédiatement en 1814. Ce principe s'opposait à
l'absolutisme monarchique ou exécutif, dérivation

de l'aristocratie des gens en place.   Et le principe
de l'opposition directe de la nouvelle aristocratie
de la propriété, qui, sentant le vice de cette constitution qui lui préférait de fait l'oligarchie des
gens en place, voulait être maîtresse de la
constitution, en se faisant donner *les* places,
afin de se gouverner oligarchiquement par elle-
même, puisqu'il lui fallait momentanément accepter cette constitution telle qu'elle était.

Louis XVIII, l'aristocratie Bourbonnienne
et les Conseillers du Roi, posèrent hardiment le
problême à résoudre par la Restauration.

Gouvernér la France par l'influence exécutive
appliquée aux détails de l'ensemble législatif,
gouverner par la corruption constitutionnelle,
c'est-à-dire, en acceptant jésuitiquement la
constitution, et au lieu d'en réformer les
abus pour rendre cette constitution parfaitement libérale et représentative, la réduire au
néant en se servant pour la détruire de
ses abus, de ses erreurs, de ses contradictions
elle-mêmes.

Gouverner par l'absolutisme oligarchique dérivant de l'absolutisme du pouvoir exécutif, et
tendant à l'absolutisme individuel.

Gouverner par le dogme.

Gouverner enfin par l'aristocratie des gens en place, pour arriver à ne gouverner que par le Roi : telle fut la théorie de Louis XVIII.

Louis XVIII était resté fidèle aux traditions Bourbonniennes. Il était Roi par droit Divin ; les circonstances l'avaient forcé de permettre à Bonaparte de régir la France pendant une partie de son règne. Il oublia les leçons de la misère et de l'exil. En prenant place dans le palais de l'Empereur Napoléon, il se plut à croire qu'il prenait place dans le palais de son frère.

Il oublia les terribles leçons de la Révolution ; il oublia que de la salle du trône des Tuileries on pouvait voir la place où était tombée la tête de l'infortuné Louis XVI, et qu'en sortant de son palais, il passait sous l'arche triomphale de l'Empereur et Roi.

Il appela gaiement *ses enfants*, la maison rouge, les ex-braves de l'armée de Condé et les vieux soldats de la République, dont se composait la Garde Impériale, devenue la Garde Royale ; il affecta de rire de tout, des hommes, des choses, et même de Dieu.

Il ne pensa qu'à lui ! Et n'était-il pas bon Roi ? puisque la France, qui avait été Louis

XIV, Louis XV, Louis XVI, était aujourd'hui,
pour lui, Louis XVIII, et qu'il pensait toujours
à Louis XVIII.

Il héritait gaiement, non pas du Général
Bonaparte, fi donc ! mais de son neveu, Sa
Majesté très-Chrétienne, Louis XVII.

Amère dérision ! profanation de toute vérité !
charlatanisme détestable !

Ce Roi honteusement égoïste, dont on a
vanté les talents ; ce Roi, qu'il eut été charitable
de supposer atteint de folie ; ce Roi héritier
du Grand Empire fondé par le grand homme
dont le nom seul l'épouvantait encore ; ce Roi,
dont l'insolente vanité récusait comme son égal,
le Grand Napoléon, et qui prétendait tenir sa
couronne d'un pauvre enfant mort dans l'aban-
don et la misère, et d'un pauvre Roi, honnête
homme, sacrifié à l'esprit de cabales et d'intrigues de son entourage, victime expiatoire des
crimes de ses prédécesseurs, victime de la rage
du peuple contre ses conseillers ; Louis XVIII,
enfin, que Talleyrand, gagné par un agent
inconnu, proposa et fit accepter aux Puissances
Alliées indécises et incertaines, reprit avec
un insolent individualisme, la théorie dont
l'essai avait coûté la vie à Louis XVI,

avait amené la terreur, avait rendu nécessaire le despotisme impérial et la suppression momentanée des libertés populaires. Il reprit cette théorie qui, motivée par une ambition presque excusable, par l'entraînement de la guerre, venait de coûter le trône à l'Empereur.

Louis XVIII reprit la théorie de l'absolutisme gouvernemental par l'oligarchie des gens en place soumise à l'oligarchie exécutive, dérivant de l'absolutisme d'un seul.

Dieu eut pitié de la France et voulut donner une leçon puissante à ce Roi aveugle, à ce Gouvernement imbécile et corrompu.

L'Empereur débarqua à Cannes.

La France n'avait eu que six mois du règne des Bourbons, et la France en avait assez. Si Napoléon fut resté quelque temps de plus à l'île d'Elbe, on eut peut-être fait pour lui, et sans lui, la révolution que l'Europe contesta comme n'étant pas du libre aveu de la nation.

Et si cette Révolution s'était faite quelque temps plus tard, alors que le mécontentement librement exprimé eut appelé l'Empereur à un trône constitutionnel, fondé sur le principe de la représentation réelle de l'élément démocratique et de la division des pouvoirs, fondé en un mot sur l'approbation bien constatée de l'aristocratie de la propriété, et non sur celle de l'oligarchie des gens en place ; l'Europe, nous n'en doutons pas, eut admis la Révolution du 22 Mars, comme elle a admis la Révolution de 1830, comme elle a admis la Révolution de 1848.

La France salua le retour de l'Empereur. Mais l'Empereur n'était pas encore possible ; il ne trouva pas au-dehors les alliés qu'il eut trouvé six mois plus tard. Les discussions qui s'envenimaient au Congrès de Vienne, ne s'étaient pas encore assez envenimées pour que les Puissances Alliées ne pussent pas se faire des concessions mutuelles devant l'ennemi commun devenu d'autant plus nécessaire à écarter, que les Alliés n'étaient pas sûrs les uns des autres.

Si Napoléon eut pu négocier, il fut resté Empereur.

Napoléon comprit cette nécessité, mais on lui refusa le droit de négocier. Il essaya le combat pour négocier après la victoire. Mais l'étoile du grand Capitaine devait s'éclipser ; son retour n'était qu'une leçon donnée par Dieu ; Dieu ne jugeait plus digne de gouverner la France,

ce grand homme dont l'individualisme, étouffant
le génie patriotique, avait causé le deuil général ;
et Napoléon vaincu revint de Waterloo.

Alors il brilla d'un dernier reflet de grandeur.
Il comprenait sa faute, et les conséquences de
son immense individualisme. Il sentait, comme
Saül, que Dieu l'avait abandonné, et plus grand
que Saül qui laissait à David sa succession,
Napoléon qui ne laissait la France qu'à des gens
apparemment indignes de lui succéder, ne douta
pas de Dieu, et remit entre ses mains l'avenir
de la France.

Le grand homme s'éloigna de ses foyers pour
ne plus faire couler le sang, pour ne pas exciter
à la guerre civile ; peut-être, s'il eut fait appel
aux passions des classes peu éclairées, encore sous
le prestige de son nom magique, il eut pu les
armer pour le défendre contre l'étranger qui le
renvoyait, contre l'aristocratie qui le laissait
partir. Mais cet appel, il le comprit, eut été
anti-hiérarchique. Lui qui avait constitué une
hiérarchie, qui avait compris le principe hiérarchique, tant que son individualisme ne l'avait
pas aveuglé, fut conséquent avec lui-même,
quand Dieu, qui l'avait abaissé, lui eut rendu
la raison qu'il lui avait ôté, " *Prius quem vult*

perdere Deus, dementit." Il s'éloigna, redevenu grand, pour expier dans l'exil les fautes de son individualisme.

Comme Alexandre, Napoléon fut religieux; comme César il eut une tactique à lui; comme Cromwell, il fit respecter son pays au-dehors tant qu'il le put; mais il ne fut ni sanguinaire, ni hypocrite comme Cromwell; il fut le chef de l'Etat sans être un usurpateur comme Cromwell. Il abusa du pouvoir; mais il fut si grand qu'il sema pendant son règne les germes de toutes les libertés constitutionnelles, de toutes les formes de représentations hiérarchiques réelles. Et s'il se trompa dans l'application de ces créations; si son ambition et son individualisme lui firent trop aimer la guerre, lui firent trop encourager la *fausse* aristocratie représentative des gens en place, comme la plus nécessaire à la conservation de son absolutisme; s'il est tombé par sa faute après s'être élevé par lui-même; s'il a légué à la France de grands maux avec de grands biens, c'est que Napoléon, tout grand qu'il était, était de nature humaine, et que Dieu seul ne faillit jamais, tandis que les hommes faillissent toujours.

IX.

Louis XVIII revint. Alors commença la
deuxième lutte de la Restauration qui devait
se terminer comme la première—par une Révolution.

Louis XVIII fut obligé d'accepter d'abord
le simulacre d'une Monarchie Constitutionnelle
représentative ; mais il s'attacha, par tous les
moyens possibles, à préparer la Monarchie absolue.

Il chercha à se concilier le clergé en donnant
à des gens sûrs, qu'il choisissait de préférence
parmi la noblesse héréditaire et dynastique, les
charges du haut clergé. Les charges secon-
daires et inférieures, les cures, étant à la disposition de ces hauts dignitaires, il en résul-
tait que toute l'hiérarchie dérivant de ces chefs,

devait facilement prêter son influence à l'établissement d'un pouvoir absolu favorable à la puissance du clergé qui voulait être " *imperium in imperio.*"

Les prêtres catholiques, payés par l'Etat, étant au nombre d'environ quarante mille, leur influence devait être très grande, et devait puissamment servir la Restauration.

Louis XVIII comprit qu'avant tout il fallait organiser le pouvoir législatif de manière à le soumettre complètement à l'influence du pouvoir exécutif, de manière à rendre nulle l'opposition parlementaire. La première loi électorale fut faite dans ce sens. Nous croyons que cette loi inique est, en grande partie, l'œuvre de M. Guizot. Par cette loi les éligibles devaient avoir quarante ans et payer mille francs d'impôt. Les électeurs devaient avoir trente ans, et payer trois cents francs d'impôt. Le nombre des citoyens éligibles pour la représentation de la France, dont la population dépassait trente millions d'habitants, se trouva réduit à quinze mille, et le nombre des électeurs à quatre-vingt mille. Le Gouvernement exécutif avait à sa disposition plus de huit cent mille places.

Les conseils municipaux et communaux,

placés sous la dépendance du préfêt et du maire choisis par le pouvoir exécutif, devaient être facilement amenés à recevoir les ordres du pouvoir exécutif.

Ces premiers moyens de corruption parurent suffisants à la Restauration pour se donner une Chambre sûre d'approuver ses actes. Mais le Pouvoir exécutif voulut encore rendre plus sûre la nullité de l'opposition parlementaire, et plus tard, il crut prudent d'augmenter le nombre des députés en restreignant encore la loi électorale et en faisant élire une partie des députés par les quinze mille éligibles, au lieu des quatre-vingt mille électeurs.

Par sa constitution la Chambre des Pairs était toute au Roi.

Ainsi s'ouvrit la lutte contre l'aristocratie de la propriété que Louis XVIII voulut acheter ou dompter pour se substituer à elle, après en avoir fait une oligarchie de gens en place ne dérivant que de lui par le pouvoir exécutif, afin qu'il pût régner un jour, comme avait régné Louis XIV, et pouvoir dire un jour aussi, comme lui, " La France, c'est moi."

Louis XVIII à son retour en 1815, avait trouvé à sa disposition tous les éléments de bon Gouvernement. En nous reportant à l'histoire de ce règne inique, on trouve que les résultats de la politique intérieure du Roi, ont fait suivre à la constitution politique et sociale du pays, une marche rétrograde, tout aussi dangereuse, tout aussi contraire à l'établissement du bon Gouvernement que la terrible impulsion progressive qu'imprimèrent à la Constitution Française ces hommes dont le règne fut " *la terreur,*" et qui vouèrent à la mort le malheureux Louis XVI.

Profondément corrompu, Louis XVIII ne croyait qu'au pouvoir de la corruption. Il crut, en donnant des primes à cette corruption, non seulement étouffer le libéralisme et le sentiment patriotique de résistance à ses volontés, mais encore faire disparaître jusqu'à l'élément du libéralisme. Il crut constituer par la corruption et sur le pivot de la Monarchie, une nouvelle hiérarchie embrassant toute la France, et rendre la nation Française, tout entière, esclave de la royauté, en faisant dériver des places à la disposition du pouvoir exécutif, le bonheur, la puissance, l'existence même de cette hiérarchie nouvelle.

Louis XVIII mourut. Charles X. succéda
à son frère.

Le nouveau Roi, quoiqu'élevé dans les dogmes
de l'absolutisme du droit divin et de l'obéissance passive, différait de son frère, en ce qu'il
était assez honnête homme pour désirer l'affection de la nation dont il était le Roi. Il donna
la liberté de la presse et le jury. Mais par une
étrange contradiction d'esprit, Charles X, en
approuvant des mesures libérales, sans comprendre la portée des principes libéraux, se
maintenait dans la croyance du dogme abso-
lutiste et anti-libéral, dont l'absurdité et l'impopularité, eussent dû lui être démontrées par
la rationalité et la popularité des mesures libérales qu'il concédait.

En face de cette France solidaire *de fait*, sinon de la mort, du moins de la chûte de
Louis XVI ; solidaire de l'expulsion de l'aristocratie nobiliaire et des places et des richesses
féodales ; solidaire du désaveu de l'absolutisme
impérial, dont tout le glorieux prestige n'avait
pu lui faire tolérer tout l'individualisme tyrannique, Charles X poussa si loin l'anti-libéra-
lisme, qu'il voulut non-seulement régner par

l'absolutisme gouvernemental des gens en place, mais qu'il voulut encore que cette oligarchie, au lieu de se recruter constamment dans la nouvelle aristocratie de la propriété, qu'elle absorbait ainsi en la corrompant profondément, se recrutât d'abord dans la vieille aristocratie nobiliaire à laquelle appartenait les compagnons de son infortune passée.

Trop honnête homme pour *comprendre* le principe de la corruption, il ne vit dans les places qu'une récompense, qu'un dédommagement et non un leurre, un appas.

Louis XVIII et Charles X se concilièrent le clergé, mais Louis XVIII était athée, Charles X fut dévot.

Charles X qui avait trouvé la France déjà soumise à l'oligarchie des gens en place, rendit d'abord cette oligarchie plus exclusive en restreignant autant que possible la jouissance des places à la noblesse qui l'avait suivi en exil. Puis il rendit cette oligarchie plus exclusive encore, en la faisant régir par l'oligarchie du clergé catholique.

Il y eut donc en même temps dans la constitution quatre principes d'absolutisme tantôt liés, tantôt séparés, dont le peuple sentait partout l'influence.

Le principe de l'absolutisme Monarchique.

Le principe de l'absolutisme de la religion Romaine.

Le principe de l'absolutisme de l'oligarchie des gens en place.

Enfin le principe de l'ancienne aristocratie nobiliaire.

" Le trône et l'autel," disait-on ; ou bien, " la religion (c'est-à-dire le culte catholique) le Roi, la loi au nom du Roi, la noblesse."

Que faisait le peuple ?

Le peuple s'agitait, attendait et regardait, les yeux fixés sur ses tribuns, les hommes de l'aristocratie de la propriété.

Sous Charles X, alors que le problême à résoudre était d'arriver à l'absolutisme, en conservant à l'état des chefs représentatifs approuvés par une chambre soumise à un simulacre d'élection libre, on eut dû en agir ainsi.*

* Nous nous rappelons avoir lu un paragraphe en tous points semblable au nôtre, dans un ouvrage publié il y a quelques années, ouvrage qui nous a paru fort remarquable d'ailleurs, mais dont nous ne nous rappelons ni le titre ni le nom de l'auteur. Nous reconnaissons

Au lieu de dire à l'aspirant à une place, à une promotion, " Méritez-vous cette place?—Etes-vous monarchiste?— Avez-vous souffert pour nous?—Etes vous chrétien?—Etes vous Catholique Romain?" il eut fallu se contenter de lui dire, " Etes-vous électeur?—Voulez-vous vous engager à voter pour ceux que nous vous désignerons?"

L'école de Louis XVIII, les doctrinaires de 1814, se contentaient sur ce point du dernier catéchisme politique. Sous Charles X, ces mêmes doctrinaires, devenus membres de l'opposition—et M. Guizot était, nous le croyons, de leur nombre—accusaient hautement les Royalistes d'incapacité. Ils avaient raison. Comme il manquait à ces Royalistes, l'effronterie de la corruption des doctrinaires, les quatre-vingt mille électeurs leur demeurèrent insoumis.

Aussi ce fut en vain que le gouvernement de Charles X essaya d'étendre l'influence de l'oligarchie des gens en place, sans renoncer aux scrupules que maintenait l'honnêteté du Roi. Ce fut en vain que Villèle et Peyronet prévoyant les procès politiques et craignant une justice

donc que notre paragraphe est sinon un *plagiat*, du moins une *réminiscence*.

trop juste pour les délits de presse que leur
politique provoquait déjà et devait provoquer
davantage, restreignirent dans la loi du Jury de
1826, les conditions d'admission aux personnes
placées dans les catégories suivantes.

Les quatre-vingt mille électeurs, les fonctionnaires publics désignés par le Roi, les
membres de l'Académie et les professeurs
de l'Université, les notaires et les avoués.

Il fut décidé en outre, que l'on dresserait
d'après les listes du jury, les listes électorales
des conseils d'arrondissements et de départements.

La Révolution de 1830 éclata devant une
dernière manifestation, par trop significative, du
principe du Gouvernement.

Le peuple conduit par ses tribuns, les chefs
de *l'aristocratie de la propriété*, soulevé par
la presse, l'organe de ces tribuns, le peuple
chassa le dernier Roi de France et ses conseillers.

La Révolution de Juillet 1830, est un des
événements de l'histoire des peuples, où apparaît
le doigt de Dieu.

Le peuple chassa les chefs qu'on voulait lui

imposer ; il les chassa par la force brutale, et le fusil fût le sceptre du jour.

Eh bien, la force brutale n'était pas au peuple ! Si le Roi de France n'eut pas déposé le glaive, si à la tête de sa garde, il fut revenu en armes sur Paris comme Louis XIV, et eut été ramené par Marmont, comme Louis XIV fut ramené par Turenne ; s'il n'eut pas craint la guerre civile, plus qu'il n'ambitionnait le pouvoir, le peuple de Paris, qui faisait au nom de la France, que Paris représentait, cette démonstration à main armée à laquelle céda Charles X, le peuple de Paris eut été massacré, vaincu, et la cause de la liberté eut perdu en France la bataille que le peuple avait voulu livrer.

Mais Dieu veille sur l'avenir des peuples. S'il a mis l'Angleterre et la France à la tête des peuples civilisés, en donnant pour mission à ces peuples, la civilisation, la régénération du monde, pouvait-il confier plus long-temps le peuple français à l'esprit honnête, mais étroit de Charles X ?

Il voulut préparer ce peuple à ne se confier qu'à lui-même. Il voulut que la France se gouverna par l'aristocratie représentative *réelle* de la France, et non par la fausse aristocratie qu'on lui avait infligée. Dieu qui a donné au monde le christianisme, et nous a soumis aux lois de cette religion, ne pouvait permettre aux prêtres du christianisme de substituer leurs lois individuelles d'intérêt individuel, aux lois du christianisme faites dans l'intérêt général.

Charles X tomba, il tomba comme Jacques II, pour avoir voulu l'absolutisme religieux en même temps que l'absolutisme gouvernemental chez un peuple libre. En Angleterre en 1688, en France en 1830, les révolutions avaient investi les gens en place de l'autorité de l'aristocratie réelle représentative. En 1688 comme en 1830, cette investiture eut dû suffire à Charles X et à Jacques, car elle leur donnait à l'un et à l'autre l'absolutisme gouvernemental. Mais elle ne pouvait suffire à leur faire arriver à l'absolutisme religieux et aux conséquences de cet absolutisme.

Nous abordons une nouvelle période, le règne de Louis-Philippe. Quand nous aurons retracé jusqu'aujourd'hui l'histoire des mauvais gouvernements qui sont la cause des troubles, et des désastres actuels, les conditions d'ensemble, de synthèse, nécessaires au bon gouvernement en France deviendront évidentes.

Le médecin qui veut apprendre l'art de

guérir, acquiert, par de longues études, la connaissance des détails anatomiques de notre conformation ; de l'anatomie il passe à la pathologie, à la physiologie médicale.

Appelé à guérir, il applique la philosophie de sa science, il se fait faire l'histoire du mal, il en considère les effets, il l'analyse dans ses développements successifs pour arriver à la manifestation première du mal et à sa cause ; il attaque alors le mal, synthétiquement et dans ses détails ; le plus souvent avant d'attaquer directement la cause première du mal, il ramène le mal à sa condition première. Pour lui, la grande difficulté est de distinguer la cause première, des causes incidentes.

La cause première est-elle trouvée ? est-elle inattaquable ? le médecin laissé à la fantaisie du malade essaie tous les palliatifs que la science, admet dans les développements successifs du mal ; mais il voit que *le mal est incurable.*

La cause première est-elle attaquable ? le mal est guérissable. Il se met à l'œuvre, il ne tient aucun compte des louanges de son patient ; il se rit de ses fureurs, il n'est inquiet que des progrès de sa lutte avec la cause du mal. Triomphe-t-il ? il est radieux, sa déduction philosophique est vraie.   Echoue-t-il ? il est triste, sa philosophie scientifique est en défaut.

Le médecin n'est qu'un philosophe dont l'étude est l'homme individuel. L'économiste est un philosophe dont l'étude est la nation.

La philosophie prouve ce qui est vrai, ce qui est du bon gouvernement général et individuel.

La philosophie prouve que Dieu existe.

Nous espérons donc que par des déductions philosophiques, nous résoudrons la question d'économie politique que nous nous sommes proposé de traiter dans ces pages.

X.

. En 1830 de vives inquiétudes se manifestèrent en France immédiatement après la Révolution. Comment les Puissances du reste de l'Europe accueilleraient-elles le changement de dynastie qui venait de renvoyer cette branche aînée des Bourbons que ces Puissances avaient deux fois replacée sur le trône de France ?

On parla beaucoup de guerres probables ; la presse Française s'appuya, pour démontrer l'hostilité présumable de l'Angleterre, sur la politique suivie par l'Angleterre sous l'administration de Mr. Pitt.

Il ne nous paraît pas que l'on ait compris ou voulu comprendre, cette politique.

Lorsqu'après une guerre onéreuse et terrible

pour Rome, et au sein d'une paix utile au commerce et à la prospérité de la nation, Caton prit la parole dans le Sénat Romain, et voulut la guerre et la guerre contre Carthage, quelles étaient ses raisons ?

Le grand Romain oubliait-il donc les chances de la guerre ? Ne se rappelait-il donc plus ces batailles de la Trebie, de Thrasimène, de Cannes où tant de citoyens Romains avaient trouvé la mort ? Ne se rappelait-il plus avoir vu la fumée du camp d'Annibal aux portes de Rome, et les campagnes de l'Italie ravagées par les troupes Carthaginoises ? Voulait-il exposer Rome à de nouveaux dangers, sans autre raison que *sa haine* contre Carthage ?

Pourquoi Caton poussait-il ainsi Rome à détruire Carthage déjà vaincue ?

C'est que Carthage, qui n'avait point avec Rome d'intérêts communs, Carthage vaincue mais haineuse, n'offrait aucune *garantie* de paix. Une guerre dispendieuse devait coûter moins cher à Rome qu'une paix dispendieuse, que pouvait seule assurer une armée d'observation forte et puissante. C'est que l'existence de Carthage menaçait toujours l'existence de Rome.

Rome et Caton ne sont plus, mais d'autres

peuples ont eu leurs Catons : l'Angleterre a eu William Pitt le second.

La guerre, disait Pitt, la guerre, toujours la guerre !

Mais pourquoi la guerre ? La France chrétienne avait avec l'Angleterre *d'immenses* intérêts en commun. La guerre était un suicide. La guerre était immensément dispendieuse ; si elle appauvrissait le commerce de la France ; elle appauvrissait aussi le commerce Anglais, elle forçait l'Angleterre à d'immenses armements, au paiement d'énormes subsides pour aider les puissances alliées.

Pitt voyait tout cela, et pourtant il voulut la guerre.

C'est que devant les fureurs révolutionnaires de la Convention, devant l'immense individualisme de l'Empereur, devant la désorganisation continuelle de la constitution soumise tantôt à une oligarchie, tantôt à l'absolutisme, toujours à un principe *d'individualisme*, Pitt s'était dit : " Il n'y a là qu'un intérêt individuel qui, *aujourd'hui*, représente l'intérêt général, et qui, *demain*, ne le représentera pas. A cet intérêt individuel, l'intérêt général est soumis. Cet intérêt individuel *doit* être presque toujours

opposé à la manifestation, à l'existence même
de la Constitution Anglaise, dont le libéralisme
ne saurait approuver l'absolutisme de l'intérêt
individuel, ni en accepter les principes. Devant
cet intérêt individuel, il n'y a donc pas de
garanties de paix. La plus puissante de ces
garanties, l'intérêt général réciproque, n'existe
pas, il n'y a qu'un intérêt général en face d'un
intérêt individuel.

"La guerre donc à cet intérêt individuel, la
guerre donc à la République, au Directoire, à
l'Empire ! La guerre au sacrifice d'une partie
de ce qui est de l'intérêt général actuel, pour
assurer, après la destruction de l'absolutisme
de l'intérêt individuel en France, la paix permanente reposant sur l'intérêt général librement
et réellement exprimé cette fois, en France
comme en Angleterre," et Pitt maintint la
guerre.

La politique de Pitt a été beaucoup débattue.
Cette politique a été approuvée des uns, désap-
prouvée des autres, mais la vérité du principe
mis en avant par Pitt est incontestable : c'est-
à-dire, qu'il vaut mieux une guerre qui force à
une paix solide et reposant sur des garanties
certaines, qu'une paix sans garantie qui expose

continuellement à la guerre. "*Si vis pacem, para bellum.*"

Comme Caton, Pitt voulait arriver à la paix par la guerre. Mais Pitt ne voulait pas l'anéantissement de la France, comme Caton voulait la destruction de Carthage. Pitt était chrétien ; comme tel il comprenait que la destruction de la France chrétienne eut été nuisible à l'intérêt général des peuples chrétiens.

Pitt ne voulait qu'une garantie de paix dans la représentation nationale *évidente ;* et, à tort ou à raison, il ne croyait à cette représentation, ni dans la Convention, ni dans le Directoire, ni dans l'Empire.

Les peuples chrétiens ne se font point la guerre, ce sont *les chefs* de ces peuples qui se la font, trop souvent, hélas ! dans leur intérêt individuel ; ou bien enfin, comme l'Angleterre fit la guerre à la France, un peuple chrétien fait la guerre aux chefs trop individuels d'un autre peuple.

Dans les siècles barbares où vivait Caton, les peuples ne pouvaient s'entendre que difficilement. Deux siècles devaient encore s'écouler avant l'ère chrétienne. Caton, selon l'esprit de son siècle, comprenait que la seule garantie

de paix entre Rome et Carthage était *l'anéantissement* de l'une ou de l'autre de ces deux
puissances, aussi s'écriait-il, " *Delenda est Car-
thago.*"

Louis-Philippe fut élu Roi des Français,
et la France tourna les yeux vers l'Angleterre
d'abord.

Pitt était mort depuis long-temps ; le chef
du Ministère Anglais était le Duc de Wellington.

Si un homme est *grand* par l'immense
capacité qui lui permet de traiter convenablement
les affaires, un homme est bien plus grand quand
il traite convenablement les affaires politiques,
non par le raisonnement abstrait, mais par la
philosophie plus simple d'une parfaite intégrité
politique qui l'aide à rapporter les principes
du christianisme, de l'individu à la nation que
les individus composent.

Un homme est plus grand encore alors qu'il
est en même temps doué d'une grande capacité,
et n'applique sa capacité qu'à la seule appréciation philosophique, basée sur une moralité
politique toute chrétienne, en ne faisant servir
sa puissance intellectuelle qu'à rechercher la
constante application de la morale chrétienne

générale, le maintien de l'intérêt général dans les strictes limites de la moralité générale.

Il en est qui ne comptent pas Pitt au nombre de ces derniers. Nous ne sommes pas de cet avis. Mais nous croyons que personne ne contestera au Duc de Wellington le droit de figurer dans leurs rangs.

Les hommes d'état qui appartiennent à cette classe ont été rares de tout temps. Ils font tant de bien à une nation, que s'ils commettent des fautes politiques, la postérité n'en tient aucun compte. L'Angleterre, qui sait cela, a élevé plus d'une statue au Duc de Wellington. Que la France n'ait pas la vanité de croire que le Duc n'est grand que parcequ'il a combattu contre elle.

Le Duc de Wellington vit la Révolution de 1830, et il la comprit. Il vit que l'aristocratie de la propriété avait énoncé le vœu du peuple Français, celui d'un Roi Constitutionnel. Ce Roi Constitutionnel fut le Duc d'Orléans. Le Duc de Wellington respecta ce vœu du peuple Français, car il comprit que ce vœu venait d'être librement, *réellement* exprimé, par l'aristocratie *réelle* du peuple Français. Il reconnut au nom du peuple Anglais, et sans hésiter,

la Royauté Constitutionnelle. Le Roi d'Angleterre, l'aristocratie représentative Anglaise, *et
par conséquent*, le peuple Anglais, ratifia par
son approbation l'adhésion du Duc au nouveau Gouvernement de la France. Cette rati-
fication basée sur une loi certaine de droit inter-
national devait être accordée à cet acte du Duc.

Nous croyons que Pitt eut agi ainsi.

L'adhésion de l'Angleterre au nouveau Gouvernement de 1830, fut basée sur le même
principe que son adhésion au Gouvernement de
1848.

Appelé à une grande mission le Duc d'Orléans monta sur le trône de France. Il était
appelé à présider à la régénération de la constitution politique et sociale de la France. Il
devait se prêter, de toute la puissance dont il
était investi, à encourager cette régénération.

XI.

Le caractère principal du Gouvernement de
Louis-Philippe, tout aussi individuel d'ailleurs
que ceux de Louis XVIII et de Charles X,
est de n'avoir cru à rien, de n'avoir pas même
cru à lui-même, et aux principes bases de sa
création.   Tout ce règne nous paraît avoir été
aussi faible qu'inconséquent, et le Gouvernement
de Louis-Philippe demeurera plus coupable aux
yeux de la postérité, que ceux de Louis XVIII
ou de Charles X.

Au début de son règne, le Roi Constitutionnel promit tout. Messieurs Lafayette et
Lafitte reçurent ses serments.   Il jura :

De repousser ce que venait de repousser
la Révolution, de maintenir l'ordre de choses

qu'elle cherchait à établir, d'accorder aux libertés qu'elle demandait ;

De fonder un trône populaire, et de l'assurer sur la large base de l'intérêt général, d'écarter le monopole, et de donner la liberté au commerce, à l'instruction publique, aux cultes, enfin de donner au pouvoir politique l'esprit de liberté constitutionnelle demandé par le pays ;

D'assurer aux départements une représentation réelle, aux peuples les moyens d'instruction et d'existence, à tous la jouissance légitime, sans interruption, de leurs facultés et de leurs droits naturels ;

D'éclaircir le chaos législatif, de simplifier, de modifier, d'écarter, de remanier enfin, dans le sens libéral, les lois administratives et organiques transmises confusément par la République, l'Empire, et la Restauration :

De mettre un terme aux désordres créés par la soif des places et des sinécures :

De faire au budjet toutes les réductions compatibles avec la bonne exécution du service public, la sécurité et la dignité nationales, de soulager les classes ouvrières autant que possible, par l'égale répartition de l'impôt ; en un mot, d'aider loyalement à faire à la Constitution nouvelle toutes les améliorations dont cette constitu-tion, soumise à la Charte, était susceptible.

Louis-Philippe s'est engagé à faire exécuter tout cela à ses ministres *responsables*.

Le sens du programme de la Révolution de 1830, n'est-il pas clair ? " Nous voulons," disait le peuple, " être gouverné par les nôtres, par les chefs d'une hiérarchie dont nous faisons *tous* partie, par *l'aristocratie de la propriété*, et non par une oligarchie qui exclut de cette hiérarchie tout ce qui ne reçoit pas la sanction du pouvoir exécutif du jour, qui *nous* exclut de sa division hiérarchique, si ce n'est pour nous regarder comme des classes Hilotes faites pour la servir !"

Pendant les dix-sept années du règne de Louis Philippe, quinze ministères se sont suc-cédés au pouvoir. Sous ces *quinze* ministères, tous plus ou moins soumis à l'influence con-stante d'un Prince ambitieux, nous cherchons en vain des mesures libérales, répondant au sens du programme de 1830.

La nouvelle loi électorale ne porte qu'à deux cent mille, environ, le nombre des électeurs, et n'augmente pas en proportion le nombre des citoyens éligibles. Ce nombre n'était pas suffisant pour la représentation, même des neuf millions de citoyens valides, composant la population active de la France. Si l'extrême division de la propriété territoriale, si le grand nombre de petites fortunes ne fut pas venu relâcher les liens de l'intérêt commun, ces deux cent mille électeurs eussent peut-être suffi. En Angleterre, où la moyenne de la propriété territoriale est bien plus élevée qu'en France, quoique bien moindre qu'on la suppose généralement, et ne dépassant pas cent cinquante livres sterling de revenu annuel, il y a neuf cent mille électeurs.

Mais en Angleterre il n'y a pas non plus neuf cent mille places à la disposition du pouvoir exécutif, et la pression gouvernementale ne saurait s'exercer aussi fortement sur nos élections, que sur celles des départements de la France, où les moyens de corruption sont si puissants.* Nous croyons que nos élections

---

* Si *les moyens* de corruption existent toujours, *la corruption* cessera-t-elle d'exister malgré la loi du suffrage universel ? Et si la corruption existe toujours, pourquoi n'y aurait-il pas en France une nouvelle révolution ? que cette révolution ait lieu demain ou dans dix-sept ans.

7

représentent réellement l'aristocratie de la propriété, qui représente elle-même toute la nation, toute la démocratie Anglaise qu'elle embrasse dans sa division hiérarchique et dont le Prince est le chef, mais auquel appartient aussi le pauvre sans asyle.

En face de deux cent mille électeurs, avec neuf cent mille places à sa disposition, le pouvoir exécutif de la France sous la direction de Louis-Philippe, reprit la politique de Louis XVIII.

Corrompre ! corrompre ! étendre l'aristocratie des gens en place aux dépens de l'aristocratie réelle de la propriété, acheter ou dompter cette aristocratie pour l'incorporer dans *l'oligarchie des gens en place*, pour la soumettre à cette oligarchie ne dérivant que du Roi par le pouvoir exécutif, telle fut la politique intérieure du règne de Louis-Philippe, comme elle avait été celle de Louis XVIII.

La théorie de l'absolutisme gouvernemental par l'oligarchie des gens en place, soumise à l'oligarchie exécutive, dérivant de l'absolutisme d'un seul, telle fut la théorie commune à Louis XVIII et au Roi des Français.

D'abord, le Roi s'attacha à se composer des ministères qui lui fussent soumis : le Roi règne,

disait-on, et peut gouverner ; puis à détruire
l'opposition parlementaire afin de rendre possible
l'existence des ministères dévoués au Roi.

La corruption, toujours la corruption ! aux
uns des places lucratives, aux autres les places
conférant le pouvoir ou les honneurs ; le dévouement, principe du nouveau règne, préféré toujours au mérite individuel, tels furent les moyens
employés par Louis-Philippe pour dompter la
chambre et le Ministère. Il fut toutefois dix
ans à chercher, un à un, les hommes qu'il lui
fallait pour former un Ministère tout à lui. Il
essaya de quatorze combinaisons ministérielles
pendant ces dix ans. Quand éclata la Révolution
de Février, nous croyons qu'il avait enfin trouvé
ce Ministère dévoué, cette chambre achetée.

Jetons les yeux sur les combinaisons ministérielles qui ont précédé le Ministère Guizot de
1841.

Le premier Ministère de la Royauté de Juillet,
comprit la combinaison Talleyrand-Guizot. Le
souvenir des traités de 1814 et de la corres-
pondance intime, datée de Vienne et de Paris, entre
Talleyrand et Louis XVIII renversa ce Ministère, auquel l'impopularité de M. Guizot était
loin de conserver de la force.

Le second Ministère, présidé par M. Dupont de l'Eure, fut successivement abandonné par M. Dupont de l'Eure et par M. Lafitte, indignés tous deux de la fausseté du Roi.

Le premier Ministère avait duré trois mois, le second en dura quatre.

Le Ministère Casimir Perrier résista au Roi et voulut le maintenir dans des limites constitutionnelles ; mais Casimir Perrier mourut et le Roi se retrouva libre : il forma un quatrième Ministère.

Le Ministère du Duc de Broglie se retira lors du rejet par la chambre de la dette Américaine, porteé à vingt cinq millions, mais dont les actions avoient été achetées à vil prix par des spéculateurs, au nombre desquels, disoit-on, se trouvait sa Majesté Louis-Philippe. La chambre, après avoir déclaré la créance non-valide, fut dissoute, mais le Ministère se retira.

Lors de la cinquième combinaison ministérielle, le Maréchal Soult fut remplacé par le Maréchal Gerard. Ses collègues au Ministère, et surtout M. Humann, le Ministre des Finances, se plaignaient à tort ou à raison des habitudes déprédatrices de l'illustre Maréchal ; habitudes, dont l'Espagne prétend encore se souvenir.

La nouvelle chambre, en votant l'adresse, s'attaqua à la politique *irresponsable* du Roi, par cette phrase sarcastique à l'égard de la politique *responsable* de la combinaison Thiers, Soult, et Guizot : " Une politique libérale et modérée est la seule digne du Gouvernement que la France a choisi." "Nous demandons à Votre Majesté un choix d'agents éclairés et fidèles." MM. Thiers, Soult, et Guizot, se retirèrent.

Le sixième Ministère dura trois jours, et fut renvoyé parceque MM. Passy et Dupin, voulaient prendre au sérieux l'adresse de la chambre : Le Roi régnait et *voulait* gouverner.

Le Ministère précédent fut reconstitué sous la présidence du Maréchal Mortier d'abord, puis du Duc de Broglie. M. Humann se retira de ce Ministère et fut remplacé par M. D'Argout. Puis l'impopularité du Duc de Broglie fit tomber le Ministère, qui se retira sur la question de la conversion du 5 pour cent qu'il combattait, et qu'appuyait l'ex-Ministre des Finances, M. Humann.

M. Thiers présida le neuvième Ministère. On avait offert un portefeuille à M. Guizot, mais il ambitionnait déjà la Présidence, et il se refusa à faire partie du cabinet Thiers. M. Thiers se retira sur le refus du Roi d'entrer dans l'alliance Anglaise pour mettre fin à la guerre civile en Espagne.

Le dixième Ministère, sous la direction de MM. Molé et Guizot, contraire à l'alliance Anglaise, fut abandonné par MM. Guizot, Duchâtel, Gasparin, et Persil, parceque le Comté Molé s'avisait encore de vouloir prendre au sérieux, comme MM. Passy et Dupin dans la réforme de l'administration intérieure, le sens de la recommandation de l'adresse au Roi.

Le onzième Ministère, qui fut encore sous la Présidence du Comte Molé, soutint la lutte contre MM. Thiers et Guizot, réunis dans l'opposition. La chambre fut dissoute. Mais l'opposition parlementaire, conduite par M. Thiers et M. Guizot renversa le cabinet, d'ailleurs peu en faveur auprès du Prince.

Un douzième Ministère se constitua.

Le Ministère Passy-Dufaure fut le treizième Ministère, et se retira sur la question toute royale de la dotation Nemours que la chambre repoussa, malgré les efforts des Ministres.

Le quatorzième Ministère fut sous la Présidence de M. Thiers. M. Thiers annonça qu'il comptait adopter l'alliance Anglaise de préférence à l'alliance Russe, alliance que la Russie continuait toutefois à ne pas accorder à la France. Mais le Ministère Whig venait d'être joué par Sa Majesté Louis-Philippe, qui, sous le précédent Ministère, afin de capter la faveur de l'Empereur de Russie, avait trahi une communication confidentielle sur la question d'Orient, faite au Cabinet Français, par Lord Palmerston. A son tour Lord Palmerston joua la France; il repoussa les avances insidieuses de Louis-Philippe qui se prêtait momentanément à la politique de M. Thiers. " Nous ne pouvons plus avoir confiance en vous," disait Lord Palmerston à M. Guizot; et le traité de Juillet se fit sans la connaissance et sans la participation de la France. M. Thiers quitta le pouvoir, et M. Guizot, l'Ambassadeur du Cabinet Thiers, M. Guizot qui avait trahi M. Thiers, fut appelé à former un quinzième Ministère, qui fut le dernier.

Dans l'histoire de ces combinaisons ministérielles et de la corruption électorale employée constamment par le pouvoir exécutif, quels que fussent d'ailleurs les Ministères tous plus ou moins à la dévotion du Roi, se trouve l'histoire de la décroissante opposition parlementaire qui, en 1841, par la confusion des chefs politiques, tous à-peu-près soumis au Roi, même hors du pouvoir, n'existait de fait que sur les bancs de l'extrême opposition, dite légitimiste ou républicaine, et chez ceux de la Chambre qui n'avaient aucune faveur à demander ou à attendre, ou qui ne *voulaient* aucune faveur du Gouvernement.

XII.

Le Gouvernement de Sa Majesté Louis-Philippe, dont M. Guizot a fait onze ans partie, s'est tué par son individualisme, comme s'étaient tués les précédents Gouvernements de la France. L'opposition parlementaire était l'une des grandes sauve-gardes de la Monarchie Constitutionnelle ; et nous l'avons dit, cette opposition cessa d'exister réellement vers la fin du règne de ce Roi que la France avait élevé en 1830.

L'ambition personnelle de Louis-Philippe, ses affections de famille, sa cupidité, ont été, nous le croyons, le mobile de cette politique d'intrigues à laquelle, pendant dix-sept ans, Louis-Philippe s'est efforcé de faire coopérer ses Ministres. Louis-Philippe a violé la Constitution en abusant surtout de l'irresponsabilité qui ne lui avait été accordée que sous condition : d'après la charte de 1830, il devait régner et non gouverner, et ne conseiller ses Ministres que pour les rappeler au sens du vœu de la nation.

De tous les Ministres de Louis-Philippe, le plus coupable nous paraît avoir été M. Guizot. Non-seulement M. Guizot a été soumis au Roi, mais il a prévenu les désirs de Sa Majesté et a déployé toutes les ressources de son activité et de son talent pour préparer les voies au rétablissement de l'absolutisme royal, admis par la corruption et que devait maintenir la force armée. M. Guizot, de tous les Ministres de Louis-Philippe a le plus contribué à saper les libertés Françaises, à étouffer l'opposition parlementaire. Sa corruption politique a été aussi grande que son intégrité privée ; aucun des vices politiques n'a manqué à ce ministre. Dans sa longue carrière politique et surtout dans les dernières années de cette carrière, (à jamais finie, il faut l'espérer dans l'intérêt de la France), il s'est démenti vingt fois, il s'est revêtu tour à tour de l'armure de l'effronterie et du charlatanisme.

Il a laissé amasser les eaux du torrent de l'indignation populaire qui l'ont englouti avec tant d'autres. Il a forcé la bourgeoisie à faire appel au peuple armé en encourageant les efforts inconstitutionnels d'un Prince ambitieux. Il a légué à cette bourgeoisie, à l'aristocratie de la propriété, la discussion pour le rétablissement de l'ordre politique et social avec une multitude aveugle de colère, haletante, flairant encore la poudre et le sang après le combat. Son talent n'a paru lui servir pendant les sept dernières années de son existence politique qu'à résister, appuyé par une majorité constante de la chambre, aux réformes constitutionnelles tendant au moins à restreindre le système de corruption qu'il approuvait *pour plaire au Roi.* Il s'cst bercé de son immense orgueil de rhêteur, alors que de son éloquente parole il étouffait les plaintes et les chiffres sous le murmure d'admiration que les phrases de cet habile jongleur ont toujours su exciter.

Ne sera-ce point une honte indélébile pour M. Guizot que cet insolent vote " des satisfaits" qu'il provoqua, et que la nation Française reçut au cri de "*Vive la réforme,*" comprenant bien que Louis-Philippe et M. Guizot étaient enfin *sûrs* de l'opposition parlementaire.

Avant d'ôter au peuple cette opposition qui lui garantissait ses libertés constitutionnelles, le Gouvernement de Louis-Philippe, en substituant définitivement l'oligarchie des gens en place à l'aristocratie de la propriété, devait *tout* prévoir. Il devait être *sûr* de pouvoir dompter, par la force brutale, le peuple que soulèverait au premier jour l'aristocratie de la propriété, impuissante à défendre ses libertés, ainsi que celles de toute la démocratie, contre l'oligarchie des gens en place ; cette oligarchie avait dompté la constitution, en profitant des erreurs de la constitution, dans un but d'individualisme, tandis qu'il lui avait été imposé la tâche de réformer les erreurs, les abus de la constitution, dans l'intérêt général.

Le Gouvernement de Sa Majesté Louis-Philippe a été aussi inconséquent qu'immoral, et n'a ni su ni osé défendre tout ce qu'il avait acquis pendant dix-sept ans d'immoralité politique.

Nous ne saurions comparer la conduite de cet inique Gouvernement, qu'à celle d'un homme qui enlèverait la colonne servant de soutien au toît de la maison où il se trouve, sans savoir s'il pourra soutenir ce toît par la vigueur de son bras où par quelqu'autre moyen à sa disposition immédiate. Le toît écrase l'imprudent. Le Gouvernement de Louis-Philippe, a également été écrasé sous le poids de la responsabilité qu'il se donnait en l'enlevant à d'autres, responsabilité qui lui imposait l'obligation d'assurer les libertés de la nation.

La conduite de M. Guizot, en se prêtant à l'anéantissement de l'opposition parlementaire, sa conduite tout entière, pendant le règne de Louis-Philippe, et son livre de 1849, apologie indirecte de cette conduite, excitent notre indignation. Citons quelques lignes, écrites par M. Guizot, en 1821, sur le besoin d'une opposition parlementaire et le danger pour tout Gouvernement d'une force factice prêtée à un pouvoir exécutif, faible en réalité, et ne s'appuyant pas sur le vœu de la nation, c'est-à-dire, sur une aristocratie hiérarchique représentant et embrassant la démocratie tout entière, mais sur une *oligarchie.**

" Si l'opposition n'est en mesure d'influer ainsi constamment sur le ministère, elle ne sera

---

* Voir " Des Moyens de Gouvernement et d'Opposition dans l'Etat Actuel de la France," par F. Guizot, Paris, 22 Octobre, 1821.

pas non plus en état de le renverser au besoin,
et surtout à temps ; et alors le but du système
représentatif sera tout à fait manqué. Et si le
but est manqué, le système lui-même sera perverti ; au lieu de réduire les grandes secousses,
il les provoquera ; il entretiendra une fièvre continuelle pour devenir, quelque jour, un instrument de révolution. Renverser le Ministère,
la nécessité en fut-elle certaine, n'est jamais
pour l'opposition une œuvre facile. Comment
y parviendra-t-elle, quand il le faudra, si elle
n'est pas même capable de le contenir pendant
qu'il existe, si les moyens lui manquent pour
faire peser sur lui la nécessité des concessions ?
Dans les pays libres, la perte de la majorité
dans les Chambres est presque toujours le dernier fait par lequel le Ministère est averti qu'il
est temps de se retirer. Bien long-temps avant,
il intente, en matière politique, des poursuites que
le pays désapprouve, et où le jury le condamne ;
l'élection des magistrats municipaux se fait contre lui et dépose du mécontentement public ; les
fonctionnaires indépendants résistent à ses de-
mandes et témoignent leur désapprobation. La
force le quitte peu-à-peu pour passer à ses
adversaires ; et c'est seulement quand il s'est
refusé à tant de symptômes, que la perte de

la majorité dans les élections nationales ou dans
les Chambres vient lui signifier son arrêt.
Ainsi la secousse se prépare, arrive par degrés,
après beaucoup d'avertissements ; et quand elle
s'opère, elle est aussitôt terminée, car le pouvoir
appartient déjà en fait aux hommes qui en
reçoivent le nom.

" Que si nul de ces préliminaires n'est possible, si tous ces symptômes sont étouffés, si
l'opposition est trop désarmée pour entrer ainsi
progressivement dans le pouvoir, et prouver sa
force bien avant d'en recueillir le fruit, le plus
mauvais, le plus discrédité ministère retiendra
l'empire jusqu'à la dernière extrémité ; le Prince,
le public et lui-même seront abusés sur sa situation. Il tiendra outre mesure tous les ressorts
car les choses lui opposeront chaque jour plus
d'obstacles ; et plus il rencontrera d'obstacles
dans les choses, moins il essuiera de résistance
de la part des hommes, car la résistance de-
viendra chaque jour plus difficile et plus péril-
leuse. Le mal ira croissant, et la soumission
croîtra avec le mal, en telle sorte que la veille
de sa chute, au moment même de son agonie,
ce ministère gouvernera aussi absolument, plus
absolument qu'au milieu de ses succès. Qu'il
tombe alors ; la secousse n'est point accomplie,

elle commence. Alors surviennent les réactions, la nécessité des réactions, car il faut bien
faire ce que rien n'a préparé, ce qui s'est éloigné
d'autant plus que l'heure était plus proche et le
besoin plus pressant. Je n'en dirai pas d'avantage. On a voulu que l'opposition ne fût rien,
n'arrivât jamais. Elle arrive, mais son avènement est une révolution et peut-être celle-là
même vient trop tard.

" Je ne prédis point, je raconte, cela s'est
vu."

Si ces paroles étaient vraies en 1821, si les
principes libéraux qu'elles exprimaient en 1821
étaient vrais, pourquoi M. Guizot a-t-il menti à
lui-même si souvent de 1841 à 1848 ?

M. Guizot pourrait encore écrire ces lignes
qu'il a sans doute oubliées ; et nous dirions avec
lui aujourd'hui, comme il disait il y a vingt-sept
ans, " Je ne prédis pas, je raconte, cela s'est
vu."

Depuis 1830, à chaque élection nouvelle,
l'oligarchie des gens en place acquérait un
avantage sur l'aristocratie de la propriété. Pour
beaucoup de députés élus " *de par la corruption
électorale,*" la place salariée qu'ils tenaient du
pouvoir exécutif était, sinon indispensable à
leur existence, du moins nécessaire à leur bien-

être. Ils devaient être peu tentés de s'exposer, par une opposition trop directe, à perdre la place qui était pour eux d'une importance vitale.

La soif du pouvoir, le désir d'être un jour Ministre, et l'on n'était Ministre qu'en plaisant au Roi, paralysait l'opposition de beaucoup d'autres.

L'opposition parlementaire, qui existait en face de ces abus, se formait d'abord d'un noyau *constant* d'opposition *extrême*, recruté de l'opposition que lui apportait la sortie du dernier Ministère, que soutenaient encore dans une opposition douce et modérée, et par pudeur, un grand nombre d'honorables membres qui s'étaient servis de ce Ministère pour arriver à la Chambre, ou pour obtenir quelque faveur. Le nombre, assez considérable d'abord, de ces honorables Membres, constitua dès l'origine une opposition réelle, bien qu'elle ne reposât pas d'ailleurs sur un principe large de politique générale ; mais ce nombre diminua insensiblement, et la plupart de ces honorables Membres, quand l'opposition se trouva détruite, s'étaient déjà rangés du parti de ceux qui n'étaient jamais *que* du parti *ministériel*.

Voici comment cela se fit.

M. Guizot, par exemple, fut sept fois Ministre : en 1830 et 1837 avec le Comte Molé ; en 1832, en Avril et Novembre 1834, et en 1835, avec M. Thiers ; son dernier Ministère fut en opposition avec M. Molé et M. Thiers.

M. Duchâtel fit partie des trois administrations d'Avril et de Novembre 1834, et de Février 1835 avec Messieurs Thiers et Guizot ; puis il fut Ministre en 1836 avec M. Thiers contre M. Guizot ; en 1837 avec Messieurs Molé et Guizot contre M. Thiers ; en 1839 avec Messieurs Dufaure et Passy contre Messieurs Molé, Thiers et Guizot, et enfin Ministre avec M. Guizot contre M. Molé et M. Thiers.

Ces deux exemples nous suffisent ; ajoutons cependant que depuis 1830, la soif du pouvoir fit adopter à presque tous les Ministres, à quelques rares exceptions près, cette incertitude de système politique qui leur permettait de passer du Ministère à l'opposition, et de l'opposition au Ministère, sans que leurs collègues mêmes au Ministère changeassent quelquefois, et de voter souvent le lendemain contre ce qu'ils avaient soutenu la veille.

Le Roi entretenait cette vacillation incessante,

il les dominait tous en l'encourageant, et se maintenait ainsi dans sa marche progressive vers l'absolutisme qu'il comptait transmettre à ses descendants.

Au principe de l'individualisme royal, quel principe pouvait opposer des hommes dominés par leur propre individualisme? Il eut été ridicule à ces hommes de reprocher au Roi, l'immoralité d'une conduite politique dont le principe était identique avec la leur.

L'esprit de parti fut ainsi tué par l'esprit général d'individualisme, et avec l'esprit de parti, l'opposition.

Les députés qui devaient leur élection aux votes désignés d'avance aux fonctionnaires publics de leurs départements, soumis au pouvoir central, finirent par perdre toute possibilité de reconnaître les chefs du parti auquel ils croyaient devoir appartenir, non dans l'intérêt du peuple, mais dans leur propre intérêt individuel.

Les partis qui n'étaient déjà plus basés sur des principes, cessèrent même d'être basés sur tel ou tel chef de parti, sur M. Guizot, sur M. Thiers, sur M. Duchâtel, car ces chefs individuels changeaient à tout moment de position relative, dont une seule, celle de Ministre en place, pouvait servir l'individualisme des députés, dont le seul mobile était l'individualisme.

Nous avons vu quelque chose d'assez singulier dans un pays réellement constitutionnel! non-seulement un journal, le National, faisant une opposition *constante* à toutes les mesures constitutionnelles dont à vrai dire il disputait, et souvent avec raison le sens constitutionnel; mais un journal redigé par les sommités de la presse française, les Débats, soutenir constamment le Ministère, quels que fussent d'ailleurs les Ministres, et avouant qu'il vantait, qu'il soutenait souvent avec une personnalité révoltante, *parcequ'ils étaient Ministres*, les mêmes hommes aujourd'hui, qu'il avait attaqués hier avec cette même personnalité trop souvent employée malheureusement par la presse en général.

Les journaux politiques de la France, devant représenter les principes de la Chambre, et ces principes étant devenus à peu près nuls, il devint impossible à ces journaux de développer de larges principes de progrès constitutionnel, de provoquer ainsi la création d'institutions

solides et utiles au peuple ; aussi ne le tentèrent-
ils pas.

La plupart se contentèrent d'exciter l'indignation populaire, pour provoquer le peuple, autant
que le permettait l'interprétation inique des
lois de la presse, à renverser et à refaire une
Constitution tellement déformée, tellement assu-
jettie à l'oligarchie des gens en place, qu'il
n'était plus possible de revenir doucement et
par des moyens constitutionnels à la véritable
Charte de 1830, et encore moins de réformer
cette Charte. Aussi nous voyons les journaux
de toutes les couleurs, s'accorder souvent dans
les articles plus ou moins violents que leur sus-
cite leur indignation, et cette étrange unité des
journaux légitimistes et républicains, ces terribles
attaques de la presse, demeurèrent incomprises par
le Gouvernement de Louis-Philippe, qui croyait
avoir répondu à tout, par un article admirable-
ment écrit, plein de raisonnements spécieux
que les Débats publiait avec un sourire de pitié,
moyennant six cent mille francs par an.

La plupart des membres, appuyés par les fonctionnaires publics, finirent par voter *toujours*
pour le pouvoir central *du jour*, de fait pour le
Roi, car ils votaient pour le Ministère quel qu'il fût

d'ailleurs ; ils se mettaient à ses ordres, et les Ministères étaient aux ordres du Roi.

L'exemple était trop bon à suivre : il pleuvait des places, des honneurs, des rubans, des gratifications ; et le Gouvernement de 1830 s'en trouva très bien et très mal. " Je raconte, cela s'est vu."

XIII.

Si M. Guizot eut récrit en 1831, ce qu'il écrivait en 1821, il eut prédit et raconté, comme en 1821.

Professeur érudit! vous avez montré les dangers d'une résistance au progrès, et vous êtes tombé parceque vous ne croyiez pas à ce que vous professiez. Vous êtes tombé, comme est tombé Wolsey, par l'orgueil!

Si cet immense orgueil, qui vous a donné cette soif ardente du pouvoir, ne vous eut jeté aux pieds du prince coupable dont vous avez été l'instrument, il vous appartenait, peut-être d'élever la France plus haut que ne l'a fait Louis XI ou Richelieu, et d'effacer Colbert, dont vos vertus vous eussent fait tout d'abord l'égal!

Résumons, et voyons où en était la France immédiatement avant la Révolution de 1848.

Aux affaires étrangères MM. Talleyrand, Molé, Sébastiani, Thiers, Soult et Guizot, s'étaient succédés sous la direction du Roi.

Les intérêts extérieurs, soit politiques, soit commerciaux, avaient été si bien considérés, par cet ensemble de Ministres des Affaires Etrangères, qu'en 1843 la France en était encore à conclure avec une autre nation un traité politique ou de commerce.

Depuis 1843, *trois* Traités insignifiants ont été conclus par M. Guizot.

Au Ministère de l'Intérieur, pendant le règne de Louis-Philippe, les lois de police sont rendues plus sévères et plus arbitraires, pour suffire à la sécurité personnelle du Roi, que son impopularité croissante exposait à l'assassinat. Le système onéreux des passeports est continué. L'espionnage politique est poussé à son extrême limite. Le gouvernement se sert de cet espionnage pour écraser, sous le poids de calomnies habilement répandues, ceux qui veulent lui résister. Le Roi lui-même donne l'exemple du manque de bonne foi et des trahisons calculées à cette oligarchie redoutable dont il est le chef. Il donne l'exemple du plus terrible égoïsme : il tente de déshonorer la Duchesse de Berri, lors de sa détention à Blaye ; et passant de sa famille à ses anciens amis, devenu par respect humain ses adversaires politiques, il fait passer pour le prix d'un marché, 150,000 francs, prêtés par la Reine à la femme de Benjamin Constant. Quelques semaines après cette terrible accusation, Benjamin Constant mourut de douleur en apprenant combien s'était répandue cette calomnie du Roi des Français. " Ce méchant homme *m'a tué,*" disait-il à ses amis, à son lit de mort.

Au Département de la Justice, nous trouvons de scandaleux procès de presse. Des abus de toute espèce dans le sens anti-libéral, appuyés sur l'interprétation inique, donnée aux lois anti-libérales de Septembre. L'infâme système de prévention, répondant à-peu-près en matière politique à l'ancienne lettre de cachet, est maintenu ; enfin les lois sur le Jury cessent, par les abus nombreux qu'on y développe avec intention, de garantir les libertés individuelles. Les procès dont la direction a valu le portefeuille de la Justice à MM. Hébert, Martin du Nord et Passy, leur eut valu en Angleterre une condamnation criminelle.

Au Ministère de l'Instruction Publique le monopole de l'enseignement est maintenu à l'Université, contrairement aux promesses de la Charte. Le Rapport de M. de Salvandi établit d'une manière incontestable cette violation, alors qu'il dit : " L'autorité n'a pas assez d'action sur le vaste corps d'instituteurs primaires ; l'unique moyen de parer à tant d'inconvénients est de procéder à une organisation complète, définitive, normale du Département de l'Instruction Publique." Nous renvoyons nos lecteurs au Rapport de M. de Salvandi en 1838 sur l'Instruction Publique.

Nous avons lu, il y a quelques jours, dans un Journal anglais, que dans la Commune des Batignolles, tous les soldats de la dernière levée savaient lire et écrire. Ce journal, dont l'article était cité par le *Times*, tirait une conclusion bien fausse ; il supposait que l'instruction générale est plus répandue en France qu'en Angleterre, par le seul fait que la Commune des Batignolles possède tant de gens sachant lire et écrire. Les rapports du Ministre de la Guerre nous démontrent qu'en France, il y a plus de la moitié des conscrits qui ne savent ni lire, ni écrire. Mais dans certains départements la proportion s'étend jusqu'aux deux tiers, et même jusqu'aux trois quarts.

Sur quatre-vingt-six départements, il y en a quarante huit dont les ignorants sont, par rapport aux gens qui savent lire et écrire, dans une proportion de 50 sur cent à 82 sur cent.

De ces départements, il y en a vingt-cinq dont la population ignorante varie de 60 à 75 sur cent. Dans dix-sept autres, cette proportion ne varie que de 5 à 6 sur cent. Dans la Corrèze, sur 1000 conscrits, 819 ne savent ni lire, ni écrire ; dans le Morbihan, il y en a 789 d'ignorants sur 1000 ; dans l'Allier, 785 sur 1000 ; dans le Finistère, 769 ; dans la Haute-Vienne, 762 ; dans l'Indre, 760.

Les Rapports sur l'Education, adressés aux Chambres Anglaises, ne donnent pas, pour l'Angleterre, une moyenne de vingt-huit personnes sur cent, ne sachant ni lire, ni écrire, ni même plus de trente-cinq sur cent en Irlande.

La loi de 1833, qui donne au Gouvernement le monopole de l'Instruction Publique, est due à M. Guizot. Vingt-six mille communes et plusieurs conseils généraux, refusèrent de se soumettre aux stipulations de cette loi, et le ministère força les communes de payer 3,400,000 fr., en dehors des impôts ordinaires pour les écoles communales soumises à l'Université et dirigées par 34,000 employés du Gouvernement, payés par les communes.

L'éducation supérieure coûtait à l'état 8,000,000 fr., et les écoles primaires, c'est-à-dire l'éducation des classes inférieures, 1,600,000 fr. Aussi la France est plus arriérée que la Prusse, l'Allemagne, la Belgique, la Suisse, la Hollande, l'Angleterre, et la moyenne de gens complètement ignorants peut être prise à six sur dix, ce qui met la France, parmi les états de l'Europe, en fait d'instruction générale, à côté de l'Espagne et de la Russie.

Aux finances nous trouvons que la moyenne des impôts du règne de Louis-Philippe est de 1,370,000,000 fr. Sous la restauration cette moyenne était de 950,000,000 fr. ; sous l'Empire de 544,000,000 fr.

Pendant les quinze années du Consulat et de l'Empire, les quatre-vingt-six départements de la France payèrent 8,160,000,000 fr. d'impôts, pendant les quinze années de la Restauration, 14,250,000,000 fr., et le chiffre de.

14,210,000,000 fr. fut atteint, au bout de treize ans de règne par le Gouvernement du Roi Louis-Philippe.

Les recettes régulières n'ont jamais atteint 1,300,000,000 fr. Le Gouvernement a laissé un déficit qui se montait en 1844 à 1,300,000,000 fr. Sans y comprendre 800,000,000 fr. de forêts vendues, la dette flottante et les comptes à régler.

Le budget du Ministère de la Guerre, pendant l'Empire, présentait une moyenne de 330,000,000 fr.;* en 1813, après la campagne de Russie, ce budget a été jusqu'à 420,000,000 fr. ; la moyenne du budget de la guerre sous le Roi Louis-Philippe n'est pas loin de 500,000,000 fr.

Sous l'Empire, le budget du Ministère de l'Intérieur, des Travaux Publics et du commerce était de 15,000,000 fr. ; sous Louis-Philippe ces administrations ont coûté 60,000,000 fr. par an.

De 1830 à 1848, la moyenne des taxes a été de 135 francs par tête.

Les impôts indirects, dont l'effet est principalement senti par les classes inférieures et par le petit commerce, produisaient 700,000,000 fr., les

* Il faut dire que l'Empereur faisait souvent payer à l'ennemi les frais de la guerre.

200,000 électeurs ne payaient pas 54,000,000 fr. c'est-à-dire la vingtième partie de la somme fatale des impôts.

La terre ne *paie* pas les quatre dixièmes des impôts directs.

Le cadastre de la France n'étant pas régularisé, la terre paie inégalement dans différents départements.

Le Ministère des Affaires Etrangères avoit un budget de 8,000,000 fr., et comptait 640 employés.

Le Ministère de l'Intérieur comptait 204,000, employés et coûtait environ 47,000,000 fr.

Le Ministère de la Justice comptait environ 1,500 employés, et coûtait 16,000,000 fr.

Les Cultes comptaient environ 40,000 prêtres salariés, et coûtaient environ 340,000,000 fr.

Le culte Protestant coûtait environ 900,000 fr.

Le culte Israélite coûtait 80,000 fr.

Les autres religions, quoique reconnues, n'étaient pas payées par l'Etat.

Le Budget de l'Instruction publique montait à environ 13,000,000 fr. dont 2,000,000 fr. étaient payés aux professeurs, inspecteurs, etc., des écoles supérieures.

400,000 fr. de ce budget étaient assignés

pour répandre des ouvrages approuvés par les grands maîtres de l'Université, et plus de 200 députés ont reçu de l'Etat des gratifications annuelles dont l'ensemble montait à 600,000 francs pour les bourses, demi-bourses qu'on leur accordait pour leurs fils et leurs neveux.

25,000 employés sont sous la direction à peu près immédiate du Grand-Maître de l'Université.

Les travaux publics coûtaient 90,000,000 fr., et comptaient 20,000 employés, dont le salaire se montait ensemble à 10,000,000 fr.

Le Ministère de l'Agriculture et du Commerce coûtait 12,000,000 fr. et comptait 12,000 employés.

Le Ministère de la Guerre coûtait 28,000,000, francs et comptait 22,500 employés.

La Marine coûtait 11,200,000 fr. et comptait 7,100 employés.

Enfin, le Ministère des Finances comptait aux finances proprement dites 36,200 employés, coûtant 38,150,000 fr.; aux douanes, 31,400 employés, coûtant 35,071,000 fr.; aux tabacs et aux contributions indirectes, 14,890 employés, coûtant 20,760,000 fr.; à la poste, 15,700 employés, coûtant 22,000,000 fr. ; aux domaines et à l'enregistrement, 6,197 employés, coûtant 13,144,000 fr. ; à la légion d'honneur, 25,400 employés, coûtant 8,000,000 fr.; enfin aux forêts, 11,400 employés, coûtant 7,830,000 fr. Cette seule administration des finances comprenait donc généralement 141,187 employés, coûtant 144,955,000 fr. Ce nombre d'employés, pour cette seule administration, est à peu près six fois celui de tous les employés de l'Angleterre.

Au ministère de la guerre nous trouvons maintenue une armée de près de 500,000 hommes, recrutée par un système de conscription qui n'est plus en harmonie avec le siècle, quoique ce système ait été approuvé par l'Empereur.

La colonisation de l'Afrique n'a marché que lentement depuis 1830 ; plus de 250,000 hommes ont péri en Algérie.

Au ministère de la marine des progrès notables ont été faits, de 1830 à 1848.

Au ministère de l'agriculture et du commerce nous trouvons partout le monopole, et l'appauvrissement de l'agriculture. La doctrine du libre échange est opposée, dans un esprit *d'individualisme* conséquent avec tous leurs actes, par ceux des chefs du commerce français, appartenant à l'oligarchie des gens en place. Le fer a été maintenu à un prix excessif, par la prohibition des fers Belges et Anglais, soumis à des droits excessifs maintenus par l'influence des maîtres de forges. Le Roi s'est opposé à l'entrée libre de charbons étrangers, afin de maintenir le prix de ses coupes de bois à des taux exhorbitants.

Chaque année, pendant le règne du Roi des Français, le commerce s'est appauvri ; en 1848 il était à la veille d'une crise terrible que détermina la Révolution de Février, mais que la tranquillité générale *n'aurait pu éviter.*

Aux travaux publics, des millions ont été dépensés, sans résultat, pour des canaux, dont les travaux étaient pompeusement annoncés par les différents Ministères ; mais le rapport de M. Charles Dupin, en 1830, sert à corroborer le rapport de M. Molé en 1821 ; et depuis 1831, les ponts et chaussés n'ont subi, que nous sachions, aucun changement notable.

Le monopole du Gouvernement, et ses lois sur les chemins de fer, faites plus au moins dans le sens du maintien de ce monopole, ont long-temps retardé l'exécution des lignes. Ce ne fut que bien long-temps après la

Belgique, la Hollande, l'Angleterre et l'Allemagne que la France put livrer au public un seul des nombreux chemins de fer dont les lignes avaient été votées à grands frais et en grande pompe par les chambres.

Devant un système dont nous venons d'esquisser quelques détails, que devait penser le peuple et l'aristocratie de la propriété? Avec des ministres, tels que ceux qui ont eu les portefeuilles des Affaires étrangères, de la Guerre, de l'Intérieur, de la Justice, de l'Instruction Publique, des Cultes, des Travaux Publics, du Commerce et de l'Agriculture, des Finances enfin, et qui ont laissé subsister et grandir les abus que nous venons de signaler, la France avait le droit d'en appeler aux armes, à la force brutale pour arriver à une Constitution libérale et représentative en chassant d'abord et le Roi qui avait perverti les Ministres et les Ministres que le Roi avait pervertis.

La démocratie, nous le répétons, c'est l'ensemble de la nation. Nous ne saurions accepter le sens restreint attaché au mot démocratie, alors qu'il y avait en France une noblesse héréditaire *qui avait été* l'aristocratie représentative réelle de la nation, et que l'on appelait *démo-*

cratie tout ce qui n'appartenait pas à cette fausse aristocratie.

La démocratie, conduite par son aristocratie réelle, fit la Révolution de Février. Cette Révolution a été la lutte de l'aristocratie de la propriété, appelant à son secours et sanctionnant par sa présence en armes dans la rue, l'attaque de tout le peuple contre le Roi et ses adhérents, contre l'oligarchie des gens en place. Que l'on dise que ce sont les Communistes, les Socialistes qui ont fait la Révolution de Février, on aura tort. Mais ces hommes y ont puissamment aidé alors qu'ils se sont battus avec tant d'autres.

Ils pensaient peut-être, il est vrai, que les conséquences de la Révolution de Février pourraient leur être utiles ; mais ils ne contribuèrent ni plus, ni moins que d'autres, à cette Révolution de Février qui n'a été faite, nous le répétons, ni par un parti, ni par plusieurs partis, mais par *tous* les partis conduits par l'aristocratie de la propriété.

Cette Révolution faite, chaque parti comme toujours, voulut profiter de la victoire due à leurs efforts *communs ;* alors apparut la démocratie dans un sens restreint, étroit, oligarchique, insolent, analogue au sens de la démocratie à laquelle M. Guizot veut faire remonter les causes des catastrophes politiques, des malheurs, et des boulevorsements sociaux de la France Contemporaine.

XIV.

Quand, chassé par la peur de l'émeute avant
de l'être par l'émeute elle-même, le vieux Roi
fugitif s'arracha de son palais, il crut laisser à
son petit-fils le trône dont il venait de descendre.
Que se passa-t-il alors ?

Une femme réclamait pour son enfant une
Régence que le Régent n'osa accepter d'abord,
comme il le devait, l'épée à la main, s'appuyant
et sur la Garde Nationale qui n'en voulait qu'à
l'ex-Roi en fuite, et sur l'armée qui attendait
l'arme au bras que la Garde Nationale lui
donnât l'exemple.

Le Duc de Nemours ne comprit point qu'il
faut mettre l'épée à la main, même pour discuter
avec des gens armés ; il oublia qu'une armée

se démoralise avec une rapidité inconcevable, lorsqu'elle ne se sent pas maniée par ses chefs, qu'on la laisse, même un instant, hésiter en présence du danger.

Le Duc de Nemours passa à la Chambre ; il perdit un quart d'heure avant d'y arriver : ce quart d'heure suffit à la populace pour envahir les Tuileries, pour désarmer deux ou trois régiments et fraterniser avec plusieurs autres ; ce quart d'heure fit perdre le trône au Comte de Paris ; le principe d'autorité passa chez ceux qui avaient ramassé le sceptre tombé à terre ; la Garde Nationale eut peur, et le règne de la *démagogie* commença.

Le Duc de Nemours ne trouva à la Chambre ni patriciens, ni royalistes, (ils y avaient toujours été en si petit nombre !) il n'y trouva que " *des satisfaits*," et une douzaine de Républicains.

Quelle honte pour la France toute glorieuse encore de sa Convention à la fois intrépide et barbare. La Chambre eut peur ; elle se sauva avec M. de Nemours, alors que les tribunes de la Chambre furent envahies par cette populace, à laquelle l'oligarchie des gens en place sentait bien qu'elle n'avait jamais inspiré de respect et à laquelle elle ne pouvait plus inspirer de crainte.

Si le plus distingué de nos généraux, si le Duc de Wellington, au commencement d'une bataille, alors que le canon grondait déjà, et que ses avant-postes se repliaient devant l'enne-mi, si le Duc de Wellington eut demandé conseil à l'officier d'ordonnance se tenant derrière lui, et auquel il n'avait jamais transmis que des ordres brefs et d'une exécution facile, si donc le Duc de Wellington eut demandé à cet officier de lui faciliter, par ses conseils, un changement de front de bataille ou tout autre manœuvre compliquée, nécessitée par les mouvements de l'ennemi, se portant sur la position prise par le Duc, qu'eut-on pensé désormais du *bon sens* du grand Capitaine Anglais ?

Et que pensera-t-on de celui du Duc de Ne-mours qui s'est adressé au moment du combat à cette Chambre achetée, à cette Chambre, qui n'avait reçu, depuis sept ans, que des ordres du pouvoir exécutif, et à laquelle lui, Duc de Nemours, venait demander des conseils pour défendre la position prise par lui et les siens, position que la Chambre avait préparée à-peu-près de la même manière qu'un officier d'ordonnance prépare les plans de son général.

La cause de la Régence était perdue. La Garde Nationale n'avait pas de chefs. Accoutumés à ne prendre conseil que d'eux-mêmes, les Républicains crièrent " Vive la République," et furent tout étonnés d'entendre répéter autour d'eux ce cri.

Les partisans de Henri V. crièrent " Vive la République," parceque ce cri proclamait la déchéance de la Royauté de Juillet, et qu'avant de reconstruire, il fallait détruire. Les Communistes et les Socialistes crièrent, " Vive la République," car ils espéraient, comme les Légitimistes, que la reconstitution sociale et politique de l'Etat leur appartiendrait.

La bourgeoisie et l'aristocratie de la propriété tout entière, crièrent " Vive la République," car il fallait un mot qui servit à étouffer le désordre et la guerre civile, un mot qui, par sa portée, rappelât la considération générale des intérêts de tous ; et *la tradition* prêtait, en France, ce sens au mot République. La République fut proclamée.

La populace cria " Vive la République,"

comme elle eût crié *vivat* pour tout autre forme de gouvernement si l'on eut su persuader à la populace que c'était *par elle* que ce nouveau Gouvernement était substitué à l'ancien qu'elle seule croyait avoir renversé.

Ce fût donc au nom de la République, que le Gouvernement Provisoire s'organisa, que le principe d'autorité revendiqua, au nom de la morale et de la civilisation, son droit au maintien de l'ordre et de l'exécution des lois organiques basées sur la condition même de l'existence de toute société, de toute nation.

" Un fait me frappe et m'inquiète beaucoup," dit M. Guizot en 1849, " c'est l'ardeur que la République a mise à se nommer expressément et officiellement *démocratique*."

En présence d'une société sans frein, en présence de l'anéantissement momentané et apparent de l'aristocratie *apparente*, c'est-à-dire de l'oligarchie des gens en place, c'était agir fort sagement que d'appuyer d'abord sur la fondation *démocratique* de la République : c'était préparer tous à comprendre qu'il était impossible qu'une société ne reposât pas sur une division hiérarchique.

Il est possible que les Communistes, dans

leur insolent orgueil, aient pu supposer que la proclamation seule de la République Démocratique devait effacer l'hiérarchie. de l'aristocratie de la propriété. Mais les Communistes ont bientôt senti leur erreur, car la République *Démocratique* ne leur a bientôt plus suffi ; ils ont voulu une République qualifié de Démocratique et *Sociale*, *de Rouge*, et d'autres appellations aussi absurdes que les théories qu'ils voulaient rappeler par ces dénominations.

Nous croyons que la proclamation de la République *démocratique* n'a causé de crainte et d'alarme qu'aux personnes de mauvaise foi, qu'aux ambitieux, qui se sentaient tomber de la place qu'ils occupaient dans l'oligarchie des gens en place, pour prendre une position plus réelle et plus adaptée à leur position réelle. d'honnêteté, de talent et de richesses positives, dans l'hiérarchie de l'aristocratie de la propriété proclamée de fait par l'institution de la République démocratique.

La proclamation de la République démocratique n'atteint pas le principe *sacré* de la propriété, principe de la reconstitution incessante de toute société bouleversée par les révolutions, la guerre civile ou tout autre cause.

Cette proclamation a revêtu les masses armées que Février avait mises en mouvement, d'une certaine responsabilité gouvernementale, qui a servi de frein à bien des commotions ; et le Gouvernement provisoire, et surtout M. de Lamartine, a su parfaitement comprendre cette vérité et l'appliquer.

Il est incontestable que le Gouvernement provisoire, pris dans son ensemble, a sauvé la France de l'anarchie et de la guerre civile, en acceptant courageusement, comme elle l'a fait, toute la responsabilité des conséquences de la Révolution de Février.

Nous admirons surtout, et nous admirerons toujours, M. de Lamartine.

Que MM. Ledru Rollin et Louis Blanc aient failli à leurs collègues, nous en avons l'intime conviction, quel que soit d'ailleurs le résultat du procès qui se prépare à Bourges. Ces hommes, nous le croyons, ont fait et causé beaucoup de mal. Mais l'ensemble des mesures et des intentions du Gouvernement provisoire, mesures fort repréhensibles et contraires à tout principe de Gouvernement *normal*, il est vrai, était admirable de conduite et de modération, alors que nous nous rappelons que ce Gouvernement était celui de démagogues.

Le Gouvernement provisoire prit à tâche de concilier la bourgeoisie, d'assurer le triomphe de l'aristocratie de la propriété sur l'oligarchie des gens en place ; chose admirable de désinté-ressement et de sagesse, alors que les hommes du Gouvernement provisoire s'étaient momen-tanément substitués à cette oligarchie. Il s'attacha en même temps à maintenir la popu-lace qui se croyait appelée à gouverner, à com-battre, et à conquérir indéfiniment.

Le Gouvernement provisoire a rencontré d'immenses difficultés, et il ne nous semble pas qu'on lui en tienne assez compte. S'il a commis de graves erreurs, c'est que les hommes du Gouvernement provisoire n'avaient pas *tous* l'honnêteté politique et le courage de M. de Lamartine qui trouva chez M. Dupont de l'Eure, un puissant appui.

Par de prudentes concessions, par des insti-tutions momentanées d'une politique hardie, les Communistes, qui se croyaient tout puissants, furent joués ; quand ils coururent aux armes, il était trop tard, et la terrible insurrection de Juin réprimée par le principe du maintien de l'ordre ne se répétera plus, nous l'espérons, ne fournira plus à M. Proudhon, le spectacle bruyant " *des sublimes horreurs de la cannonade.*"*

En relisant les discours de M. de Lamartine, nous sommes frappés du tact avec lequel le grand orateur parle à la populace cette langue traditionnelle, de laquelle il écarte tout ce qui n'est que tradition de parti, tout ce qui n'est pas tradition populaire.

M. Guizot se trompe, nous le croyons, alors qu'il parle avec un superbe dédain des mots et des apparences dont se paie, dit-il, le peuple.

Le peuple Français ne se paie pas plus de mots et d'apparences, que d'autres peuples, mais il est des mots chez *tous* les peuples, qui rappellent à ces peuples *une tradition.* Et quand ces traditions sont rappelées aux masses, elles s'agitent profondément, leur enthousiasme

---

* M. Proudhon fut interrogé sur ce qu'il faisait aux barricades le 23 Juin. Il répondit qu'il admirait les *sublimes horreurs de la cannonade.* Nous étions à Paris alors, et nous avons assisté aussi à ces sublimes horreurs. Elles se résument, *pour nous,* à des monceaux de cadavres et à des mares de sang où l'on entrait jusqu'à la cheville.

ne connaît plus d'obstacles, ils prennent pour chef celui qui leur parle leur langue, trop souvent, hélas, il est vrai, pour les aveugler, pour les conduire à leur perte.

C'est cette langue que M. de Lamartine a parlé aux masses, pour sauver la France ; la postérité lui tiendra compte de tout ce qu'il a fait.

En 1821, M. Guizot écrivait les lignes suivantes : "Après une révolution telle que la nôtre, il est impossible que, même parmi les hommes qui l'ont désiré ou en ont profité, la peur ne soit pas un sentiment très puissant et fort répandu. Les libéraux l'ont beaucoup trop oublié. Si les plus obstinés d'entre eux étaient tenus seulement de relire chaque matin quelques-unes des pages où sont déposés, de 1792 à 1800, les monuments de notre histoire, ils comprendraient les terreurs, souvent aveugles, qui saisissent tant d'honnêtes citoyens, au moindre symptôme, au moindre mot qui reporte vers ces temps leur pensée. Rien n'est beau, rien n'est bon comme la liberté ; mais comment exiger des hommes qu'ils s'attachent à son nom, sans avoir connu ses bienfaits, et que leur prévoyance des résultats de quelques principes, surmontent les faits qui remplissent leur mémoire ? Le monde est sous le joug de l'expérience, et l'expérience est confuse dans l'esprit de l'homme; il prend le passé en bloc, et n'a ni le loisir ni la force de ramener chaque terme à son vrai sens, de rapporter chaque effet à sa vraie cause. En admettant que cette façon de juger soit pleinement illégitime, tout bon politique doit y voir un fait dont il faut bien tenir compte; car on ne peut brusquement le détruire. Le Ministère s'empara de ce fait; dans la France de la Révolution, il exploite la peur que la Révolution inspire encore. Or, le propre de la peur, c'est de réduire à l'immobilité; elle voudrait tout retenir, tout arrêter, et le temps, et le monde, et la vie. Quelle bonne fortune qu'une telle disposition pour un pouvoir effrayé lui-même de la nécessité du mouvement."

Aujourd'hui M. Guizot, en publiant son livre " De la Démocratie en France," démontre qu'il a peur des effets de la Révolution de 1848. Hé bien, ce passage que nous venons de citer, nous prouve que la peur, c'est-à-dire, la lâcheté politique a été le mobile de la carrière politique de M. Guizot de 1830 à 1848 ! " Le propre de la peur," dit M. Guizot, " c'est de réduire à l'immobilité ;" M. Guizot a provoqué la révolution de Février, a mis en danger la France par la peur ; aujourd'hui, d'après le sens de son livre de 1849, " il voudrait tout retenir, tout arrêter, et le temps, et le monde, et la vie."

M. de Lamartine n'a pas eu peur : son courage, lui a fait accepter le progrès. Il n'a pas non plus voulu que la nation eût peur, et quand il a parlé au peuple de ses traditions, il lui a fait l'analyse de cette époque de la Révolution de 1792 à 1800, il est parvenu à détruire, par l'histoire du passé qu'il a expliquée, à rendre impossible les terreurs aveugles des honnêtes citoyens qui eussent pu frémir à ces mots fréquemment répétés par les communistes, pour réveiller insidieusement les craintes et les terreurs de la première période de la révolution, et pour profiter au besoin de ces terreurs.

M. de Lamartine a été au-devant *des mots* pour les rétablir dans leur vrai sens ; et dans le livre de la " Démocratie en France," nous ne trouvons que des arguments sur le sens que *M. Guizot* veut bien prêter à ces mots, tandis que M. de Lamartine a pris à tâche de rendre ces mots applicables à des faits actuels. Nous répéterons ce qu'a dit jadis M. Guizot, cela servira à montrer ce que nous entendons par les mots *république démocratique, égalité, fraternité.* " Ce n'est pas notre faute si la langue n'a pas de termes assez vagues, d'une portée assez courte et d'un sens assez incomplet pour expliquer exactement sans explication ni periphrases, *la politique du ministère.*"*

Nous dirons, " La politique des chefs de la Révolution de Février," c'est-à-dire, des chefs de l'aristocratie de la propriété, à laquelle M. de Lamartine comprenait bien que le Gouvernement provisoire devait se rattacher, quoique M. de Lamartine se fût revêtu du manteau de la démagogie. Je conviens," continue M. Guizot, " que les mots république démocratique, liberté, égalité, fraternité, (M. Guizot dit

* Des Moyens de Gouvernement et d'Opposition dans l'Etat actuel de la France. (Paris 1821).

Nous conseillons à ceux, qui ont lu le dernier ouvrage de M. Guizot, de le comparer soigneusement à son livre publié en 1821, c'est une étude assez curieuse.

ancien régime, contre-révolution, despotisme,)
ne s'y adaptent point avec pleine vérité : ils
emportent des idées trop positives et trop con-
cluantes. Mais si les mots manquent aux faits,
les faits n'en subsistent pas moins. Je vais tenter
de les décrire."

XV.

Jamais unité et fraternité sociale, n'ont voulu
se passer de l'émeute et de l'insurrection.
Ces mots pouvaient, en 1789, faire oublier des
faits ; aujourd'hui, non-seulement ils sont des
faits, mais ils rappellent traditionnellement la
fausse acception prêtée à dessein à ces mots
par les démagogues de la terreur. M. de
Lamartine repousse avec horreur le drapeau
rouge, et le peuple l'applaudit ; le peuple salue un
drapeau symbole plus fidèle de la véritable
acception des mots *unité et fraternité sociale*,
qui n'ont jamais *voulu* dire, que bon Gouvernement quel que soit le sens qu'on leur ait
prêté.

M. de Lamartine s'est attaché à préparer
l'établissement du bon Gouvernement, en

10*

établissant la solidarité des bons citoyens pour maintenir la loi, l'ordre, et à repousser, sous la garantie d'institutions libérales, la tyrannie de l'émeute.

Jamais le droit à l'insurrection, dont parle Grotius et M. de Vattel, n'a eu un sens général. Ce droit est l'appel en dernier ressort du peuple tout entier, contre un despotisme quelconque.

M. de Lamartine eut à se roidir insensiblement, afin de ne pas provoquer une émeute qu'il n'était pas sûr de pouvoir étouffer, contre les prétentions de ces hommes qui, le fusil à la main, parcouraient encore les rues de la capitale et ne savaient que demander, qu'exiger, alors que leurs prétentions se résumaient à vivre sans travailler.

Ces hommes jouèrent, pendant trois mois, le rôle des condottieri, des compagnies franches du moyen-âge ; ils appartenaient au plus offrant ; aussi M. de Lamartine acquiesça-t-il prudemment à la formation des ateliers nationaux et de la Garde Nationale Mobile.

Nous ne sommes pas éloignés de croire, que ces ateliers nationaux se recrutèrent aussi d'un grand nombre d'ouvriers honnêtes mais mal-

heureux que la crise financière hâtée, mais non
provoquée directement par la Révolution de
Février, avait réduits à la misère. M. de
Lamartine déplorait cette terrible crise qu'il
n'avait aucun moyen d'empêcher. Il nous
disait lui-même, au mois de Mars dernier,
"Nous ne redoutons qu'un danger, celui que
soulèvera la crise financière qui devient terrible ;
mais nous croyons à la prospérité et à la tranquillité future, une fois cette crise passée."

On a beaucoup parlé des rêveries poétiques,
des utopies de M. Lamartine, eh bien, M. de
Lamartine nous paraît avoir été le plus pratique des hommes du Gouvernement provisoire.

La fausseté du principe sur lequel reposait
l'organisation du travail, dont M. Louis Blanc
se vante d'avoir établi le développement, ou
plutôt d'avoir tenté d'établir le développement,
eut dû faire regarder cette organisation du travail comme la plus funeste utopie de l'époque.
Le travail doit s'organiser *lui-même* par *le
contrat individuel* soumis aux lois de la morale
chrétienne. Le travail ne saurait être organisé ;
car en admettant qu'un Gouvernement puisse substituer dans un but utile son autorité arbitraire à

l'autorité du contrat individuel, le travail cesserait de reposer sur la base certaine de la liberté individuelle, pour s'étayer sur la base incertaine de la liberté conventionnelle que tel ou tel Gouvernement jugera pouvoir accorder, ou devoir refuser aux différentes classes de la société et non à chacun des individus de toutes les classes.

Par une inconséquence remarquable, qui eut dû lui démontrer la fausseté du principe qu'il mettait en avant, M. Louis Blanc fut obligé de s'étayer des avis des hommes dont il voulait organiser la condition, et accepter de ces hommes, qui tous eussent été doués d'une capacité et eussent pu juger dans leur intérêt individuel, la moralité du contrat individuel; mais il n'y en avait peut-être pas un parmi eux qui fût à même d'apprécier jusqu'à quel point *seulement* le Gouvernement pouvait intervenir, avec moralité et sans porter atteinte à la liberté individuelle, dans la régularisation du contrat individuel.

Le but de M. Louis Blanc, en cherchant à dominer ces hommes, à les soumettre à ses convictions était présomptueux et immoral; présomptueux, en ce qu'il substituait des arguments philosophiques aux instincts de morale innés chez l'homme, et que pour arriver au plus haut degré de bien-être général compatible avec notre humanité, il semblait devoir se passer de l'éducation chrétienne ; immoral, en ce qu'il substituait la philosophie humaine à la philosophie divine, en ce qu'il doutait de Dieu, et, soit dit en passant, M. Guizot accuse fort justement les Communistes d'oser en douter.

~~Avec toutes ses divisions, toute sa hiérarchie.~~ M. Louis Blanc crut, et s'efforça de faire croire, à l'anéantissement, non-seulement de l'oligarchie des gens en place, mais encore de l'aristocratie de la propriété. Il se servit du mot démocratie dans un sens sophistique, comme l'a fait d'ailleurs M. Guizot, en donnant à ce mot le sens qui lui appartenait alors qu'il n'y avait plus de noblesse héréditaire privilégiée, se tenant soigneusement à l'écart du reste de la nation et usurpant l'appellation d'aristocratie, alors que cette fausse aristocratie, qui depuis long-temps avait cessé d'être l'aristocratie réelle du pays, ne voulait ni comprendre la démocratie, ni être compris par elle, mais disait : " Il y a deux pouvoirs complètement distincts, l'un oligarchique, notre aristo-

cratie, l'autre oligarchique également, la démocratie.

Ces hommes, à qui M. Louis Blanc jetait
de pompeux éloges, de longs discours remplis
de théories obscures, ces hommes, encore étourdis
d'avoir devancé en Février la bourgeoisie qui
les avait appelés à l'insurrection dans l'intérêt
général, d'avoir désarmé, d'avoir repoussé les
phalanges d'une armée redoutable pour d'autres
armées, ces hommes se crurent, comme s'étaient
crus les patriciens du 18ème siècle, l'aristocratie
réelle du pays.

Nous disons l'aristocratie réelle du pays, car
ces hommes n'étaient pas Socialistes, n'étaient
pas Communistes ; ils ne pouvaient l'être ;
c'étaient les hommes de la vie pratique ; ce
n'étaient pas des philosophes, des rêveurs, des
utopistes.

Un jour, après l'émeute, il se passa en France
une chose étrange. On s'appela *ouvrier*, comme
on s'appelait Communiste ou Socialiste. De
ces soi-disant ouvriers, il y avait plus de gens
qui avaient vécu par le vagabondage, la fai-
néantise ou la servitude militaire ou autre, que
d'honnêtes pères de famille, ayant employé

toutes les années d'une laborieuse existence, à travailler et à gagner leur pain à la sueur de leur front, alors qu'on appelait *ouvrier*, le travailleur et non l'homme revêtu d'une blouse.

Ces hommes se choisirent des chefs. Ces chefs étaient ceux d'entre eux dont l'énergique déclamation, dont la voix ronflante assurait la popularité. Ces chefs se réunirent : ils se virent transportés sur les bancs de la Pairie comme l'hôte de Haroun-al-Raschild sur le trône du calife.

Quant ils se virent au Luxembourg, où du fauteuil occupé il y avait quelques jours par le grand Chancelier, M. Louis Blanc leur expliqua ses rêves, ils crurent à tout ce qui leur fut débité. Ils étaient étourdis de leur grandeur, de leur subite élévation. Que voulait-on qu'ils fussent ? Socialistes ? Ils ne comprenaient pas ce que cela voulait dire et il n'eut pas été de leur dignité de paraître d'une telle ignorance. Ils répondaient " Nous sommes Socialistes." Les voulait-on Communistes ? Ils ne comprenaient pas davantage le Communisme ; mais ils répondaient " Nous sommes Communistes."

Pouvait-on expliquer à ces hommes ces

paroles de Napoléon, qui leur eussent fait sentir leur impuissance à régulariser les libertés individuelles ? " Le trône n'est qu'un morceau de bois doré, recouvert d'un morceau de velours ; c'est celui qui s'y asseoit qui prête au trône sa valeur."

Ils étaient assis sur les bancs de la Pairie ; leur hallucination, fut complète ; ils se crurent devenus législateurs. Ils cherchèrent, cependant, à se rappeler une tradition législative, dans laquelle les hommes de leur condition dans la hiérarchie sociale, avaient joué un rôle. Hélas ! leur tradition ne leur parlait pas d'un Pitt, d'un Mirabeau, d'un Richelieu, d'un Colbert, ni même d'un Robespierre, gouvernant le monde tout en vivant au milieu d'eux, portant la blouse et maniant l'outil.

Au fils de Dieu seul, il avait été donné d'être législateur et charpentier. Leurs traditions à eux leur parlait travail et probité, orgie et débauche, ou bien fusil et émeute.

On voulut, quand le calme fut rétabli, les faire rentrer dans le bon sens, revenir de leur rêve ; mais il étoit trop tard ; ils prirent leur fusil et descendirent dans la rue pour maintenir leurs droits à être législateurs. Ils ne comprenaient plus rien ; ils sentaient la poudre, le sang les aveuglaient. On leur jeta le cri de " Vive la République Démocratique et Sociale," ils le poussèrent avec frénésie, et ils se battirent.

Les bancs rouges et or du Luxembourg miroitaient devant leurs yeux ; et l'aisance et le luxe et les vices enviés de ceux qu'ils voulaient remplacer ; ils voyaient tout cela au travers de leurs barricades. Le sang coula, l'odeur de la poudre acheva de les enivrer ; ces hommes devinrent alors des assassins et des rebelles.

XVI.

Si l'insurrection de Juin eut éclaté presqu'immédiatement après la Révolution de
Février, elle eut eu de grandes chances de succès ;
et si cette insurrection n'avait eu d'autre résultat
que de rétablir un Comité de Salut Public, nous
aurions vu renouveler et dépasser même peut-
être, les excès de la première période de la
Révolution Française.

On a beaucoup attaqué le Gouvernement
Provisoire et surtout le Général Cavaignac,
pour n'avoir pas été préparé à étouffer l'insurrection à son début, par la concentration permanente des troupes dans la capitale même
et dans les faubourgs, au lieu de les répandre
comme on l'a fait dans les cantonnements de
la banlieue et du voisinage de Paris. Nous ne
saurions traiter la question stratégique de la

disposition des troupes ; mais il nous paraît possible que, malgré les explications données à la tribune par le Général Cavaignac, ce ministre n'ait pas eu confiance dans le dévouement à la cause de l'ordre de la Garde Mobile d'abord, et qu'ensuite il ait craint, en casernant un grand nombre de troupes dans le voisinage constant des clubs et des Sociétés Communistes, de voir se répandre ces utopies et cet esprit de mécontentement dans l'armée, et affaiblir ainsi cette discipline, base de la force et de l'utilité des troupes dans la guerre civile, comme dans toute autre guerre.

La politique extérieure du Gouvernement Provisoire a été aussi bonne que les circonstances le permettaient. Quand parut le manifeste de M. de Lamartine, la modération de cette proclamation *démagogique*, étonna et contribua beaucoup à rassurer les esprits.

Si dans les affaires d'Italie, Charles-Albert eut d'abord sollicité l'intervention Française, il est peut-être douteux que la paix générale de l'Europe se fut maintenue ; mais nous croyons, que si le Gouvernement Provisoire eut été obligé de céder en Italie à cet esprit furibond de propagande qui jeta, sous l'approbation de M. Ledru Rollin, cette petite horde de démoralisateurs en Belgique, et que l'armée française eut franchi les Alpes, le Gouvernement Provisoire avait déjà fait des efforts, qui eussent alors provoqué un Congrès, par lequel, au moins le *statu quo*, eut été maintenu pendant l'effervescence des esprits en France.

M. de Lamartine rechercha l'alliance de l'Angleterre; il la rechercha comme celle d'un peuple aussi libre, plus libre même que le peuple français. " L'Angleterre," nous disait M. de Lamartine, alors qu'il nous faisait quelques jours avant la publication de son manifeste, l'honneur de nous détailler quelques-unes de ses vues de politique extérieure, " l'Angleterre est la première des Républiques. Nous voulons l'alliance Anglaise partout, toujours."

Nous croyons qu'il est peu de Français qui comprennent mieux que M. de Lamartine, le caractère des institutions Anglaises, et de nos hommes politiques.

Le Gouvernement Provisoire était composé d'éléments hétérogènes; son existence était *accomplie* à l'époque de l'élection de l'Assemblée, lorsque la réaction se faisait déjà sentir, et que les idées extrêmes commençaient à perdre leur force.

La Commission Exécutive ne fut qu'un pâle reflet du Gouvernement Provisoire ; il fallait que cet ensemble, où se trouvaient réunis M. Ledru Rollin et M. de Lamartine, cessât d'exister au premier jour, pour que chacun des éléments du pouvoir démagogique reprît sa place parmi les éléments généraux de la nation, et que chacun des membres, du Gouvernement Provisoire, fût replacé individuellement dans la Constitution nouvelle, au rang et à la place que lui valaient son talent, son honnêteté politique, ses droits individuels, afin de bien mériter de la nation selon ses capacités individuelles à bien servir l'intérêt général.

L'insurrection de Juin détermina la dissolution de la Commission Exécutive, et la Dictature fut confiée à un chef militaire, au Général Cavaignac.

La politique du Gouvernement Exécutif dont le Général Cavaignac fut le chef, nous paraît avoir été à-peu-près nulle ; cette politique n'était qu'une politique d'attente et devait se borner à maintenir l'ordre par la puissance des baïonnettes, puisque telle était devenue la nécessité de la force brutale, qu'elle seule était comprise des fous, des hommes égarés, ou profondément vicieux, dont les doctrines anti-hiérarchiques avaient excité la folie, le délire, ou les mauvaises passions.

Le 15 Mai et le 23 Juin, démontraient, combien peu les utopistes de la République entendaient eux-mêmes les préceptes de morale et de liberté sociale ; combien peu, par conséquent, les leçons qu'ils donnaient aux classes infimes et en général malheureuses, renfermaient de ces principes utiles à la régénération, à la moralisation des classes inférieures. Ces deux insurrections, qui eussent pu devenir des révolutions, car une révolution n'est souvent qu'une émeute heureuse, montraient aussi combien il y avait de traîtres à la patrie, à la chambre, et au pouvoir, combien il était dangereux de s'endormir après la victoire.

Nous avons dit que la politique du Pouvoir Exécutif dirigé par le Général Cavaignac, fut nulle ; nous voulons dire par là qu'il n'eut pas de politique active à lui. Toute la politique gouvernementale avait été assumée par l'Assemblée qui se divisait en trois grands partis distincts. Les Républicains de la veille, les Républicains du lendemain, et les Républicains utopiques, appelés " Rouges," Démocratiques et Sociaux, Communistes, Socialistes, ce que l'on voudra, mais formant un ensemble par lequel on a désigné, et l'on désigne encore " la Montagne."

Les Républicains de la veille composaient cette coterie du *National* qui avait fait une guerre acharnée au gouvernement de Louis-Philippe, dont les abus énormes avaient rendu cette tâche facile, en même temps que les raisonnements, à-peu-près évidents, de ces républicains avaient du mérite, même aux yeux de ceux qui, comme nous, n'approuvent aucunement ce que l'on entend vulgairement par une forme républicaine de Gouvernement.

Les Républicains du lendemain étaient ceux qui, en bons citoyens, avaient accepté la forme républicaine du Gouvernement, comme un fait accompli, sans pour cela changer en aucune manière, leurs principes d'hiérarchie sociale ou de politique générale. A cette classe appartenaient la plupart des anciens députés réélus ; nous pourrions bien appeler ce parti " la Gironde."

Tout Gouvernement exécutif élu par une Chambre représentative repose sur la majorité de cette Chambre, et appartient à un parti de la Chambre. Le pouvoir exécutif, confié au Général Cavaignac, s'appuya principalement sur le parti des républicains de la veille, et appartenait à la coterie du " *National*," à laquelle le Général Cavaignac était lié par des relations de famille. La commission exécutive avait ainsi été soumise à cette coterie ; mais cette soumission n'avait pas été aussi complète que celle du Ministère Cavaignac.

Les partis qui passent d'une extrême opposition au pouvoir, tombent souvent dans les mêmes fautes que leurs prédécesseurs ; et, chose étrange, il en fut ainsi de la coterie du *National.* Ce parti de la Chambre devint bientôt une oligarchie ; il étendit son influence en nommant aux places toutes ses créatures. Par un esprit d'individualisme caché sous le prétexte de l'intérêt général,—et qui ne justifiait pas les mesures arbitraires dirigées contre M. Emile de Girardin (en admettant même qu'il fût dangereux) et surtout contre l'influence, contre l'existence même de son puissant journal,—les lois de la liberté de la presse furent violées par le dictateur, et ses mesures approuvées par le journal, " *Le National*," qui, depuis dix-huit ans, revendiquait *l'extrême* liberté de la presse.

En admettant que M. Cavaignac n'ait pas cédé à l'esprit d'individualisme de son parti, en supprimant "*La Presse*" et en jetant en prison M. Emile de Girardin, le Général a peut-être manqué de tact en s'attaquant à la liberté de la presse, à un principe si populaire à notre époque non-seulement en France, mais partout ailleurs, malgré tous les abus que l'on en fait.

Quoiqu'il en soit, "*La Presse*" déclara hautement qu'elle croyait être victime d'une haine de journal à journal, et comme cette arrestation de M. de Girardin, cette sup-pression du journal, ne fut suivie d'aucune condamnation judiciaire et n'eut d'autre effet que de supprimer momentanément la concur-rence que faisait *La Presse* au *National*, en coûtant à *La Presse* une forte somme d'argent et un certain nombre d'abonnés, nous par-tageons l'opinion énoncée par M. Emile de Girardin dans son journal.

Une sourde colère se manifesta bientôt dans toute la France contre la coterie du *National*,

11*

même avant les événements du 23 Juin. La
première élection de Louis-Napoléon eut lieu.
Alors on se demanda pourquoi, en effet, la
famille de l'Empereur n'avait point encore été
admise à rentrer dans cette France, qui, non-
seulement aujourd'hui devait repousser toute
proscription, mais où depuis dix ans reposaient
les cendres du Grand Empereur, reçues par toute
la nation en 1839 avec pompe, avec enthousiasme, avec bonheur, où depuis 1830 le nom
de l'Empereur avait reparu dans toutes les
feuilles, avait été prononcé encore ouvertement
par toutes les bouches, où ses statues étaient
rétablies; où la colonne enfin, trophée de ses
victoires, était surmontée de cette reproduction
fidèle du grand homme dont les contours de
bronze retraçaient aux habitants de la capitale
et aux étrangers, les traits chéris et le costume
populaire chanté par Béranger.

La coterie du *National,* composée en grande
partie d'ex-conspirateurs, fut assez inconsé-
quente pour déclarer qu'elle repoussait Louis-
Napoléon, parceque lui aussi avait été con-
spirateur.

La Gironde s'émut; et bien que quelques-uns
des juges mêmes de Louis-Napoléon se trou-

vassent parmi eux, ils attaquèrent cet individualisme qui faisait de Barbès un héros, qui
faisait un mérite à tant d'autres d'avoir provoqué l'émeute, l'insurrection et l'assassinat
dans les rues de Paris ou de Lyon, tandis qu'ils
faisaient un crime au petit neveu de l'Empereur
de sa descente à Boulogne, et de sa conspiration
de Strasbourg. Les Républicains de la veille
abandonnèrent aussi ceux de leur parti qui
persistaient à repousser Louis-Napoléon, et la
coterie du *National* se trouva seule, appuyée
de quelques membres de la Montagne, op-
posés par individualisme à l'opinion publique.

Quelques jours avant l'insurrection du 23 Juin,
nous avons entendu nous-mêmes, le Général Clément Thomas, en présence de la Garde Nationale
assemblée sur la Place de la Concorde (la 1re
et la 2e légion) pour maintenir l'assemblée contre
une attaque illusoire renouvellée du 15 Mai, jeter
le cri de " Vive la République, à bas les Prétendants." Cette injure gratuite, faite au petit
neveu de l'Empereur, fut reçue avec indignation
par la Garde Nationale, qui ne répéta que
" Vive la République." Mais il circulait dans

lès rangs des observations qu'il eut été peu agréable au Général Clément Thomas d'entendre, parcequ'elles expliquaient pourquoi il leur criait "A bas les Prétendants." La Chambre discutait alors, sous la protection de cette Garde Nationale en armes, la question d'admission de Louis-Napoléon. La coterie du *National* parlait de manœuvres Bonapartistes, de réactions, et la commission exécutive *mourante* acceptait à-peu-près la cause du *National*. La Chambre, heureusement pour sa dignité, repoussa les manœuvres par lesquelles on tentait d'appuyer l'individualisme qui guerroyait, comme toujours, au sein de la constitution. Louis-Napoléon fut déclaré admissible, mais il renonça à la représentation. Sa seconde élection eut lieu: après le 23 Juin sept départements y avaient contribué.

Louis-Napoléon prit sa place à l'Assemblée Nationale.

Le Prince Louis s'était trouvé en butte aux attaques injurieuses du *National*. *La Presse* releva ces attaques; identifiant le Général Cavaignac et la coterie du *National* avec le journal, elle attaqua la personne du

Général Cavaignac parcequ'elle disait que le
Général Cavaignac, appartenant à la coterie
du *National* et la représentant, se prêtait aux
attaques personnelles contre le Prince Louis,
comme il s'était prêté aux attaques personnelles contre M. Emile de Girardin, et contre
l'existence de son journal.

Il serait futile de parler de l'immense capacité de M. Emile de Girardin, sous la
direction duquel *La Presse* entama la guerre
contre *Le National*, contre la coterie du
National, et contre le Général Cavaignac,
avec une violence et une adresse sans
exemple.

Ce qui servit surtout *La Presse* dans cette
guerre, c'est que la popularité du Prince Louis
s'accrut et devait s'accroître, non-seulement
de l'injustice des intrigues dirigées contre lui,
mais encore de toute l'impopularité de la coterie
du *National*, et de ce principe de réaction qui
commençait à rendre impopulaire, et la Montagne, et les républicains de la veille, de quelque
nuance qu'ils fussent, mais même l'assemblée
tout entière, dont les discussions ne plaisaient
pas à la France en général ; et dont les mesures

n'étaient pas en harmonie avec la violence de l'esprit réactionnaire, mais avaient l'approbation de " la Gironde," seul parti un peu populaire aux yeux de la nation.

XVII.

Le vote de la constitution, en fixant une
époque prochaine pour la nomination du Président, donna une nouvelle énergie à la lutte des
partis, lutte déjà engagée par *La Presse*.

La coterie du *National* mit d'abord en avant
le Général Cavaignac, et soutenant le parti qui
devait le porter à la Présidence, elle acheva de
l'identifier à son candidat, et celui-ci perdit
ainsi une partie de la popularité nécessaire à
son élection.

Cependant les autres partis de la Chambre
hésitaient ; la Montagne, dont le but unique,
le renversement complet de toute hiérarchie,
avait donné de l'unité à leurs mesures d'ensemble, leur avait permis de pousser à la
Chambre un grand nombre de représentants à
eux ; cette unité sembla faiblir et se modifier

devant l'importante question de l'élection d'un Président de la République Française. Les Montagnards avaient une haine, plus violente encore que celle qu'ils vouaient aux républicains du lendemain, pour ces républicains de la veille, républicains comme eux avant la Révolution de Février, et par lesquels ils se considéraient trahis. Ils hésitèrent donc à voter pour le Général Cavaignac; leur choix penchait vers M. Ledru-Rollin, mais ils sentaient que cette candidature était impossible.

La Presse prit encore l'initiative : elle *proclama* la candidature de Louis-Napoléon à la Présidence. Elle appuya cette candidature par les coups terribles qu'elle porta au candidat du *National* et à la coterie de ce journal. Elle mit en avant des arguments d'une force incroyable, elle réussit enfin à capter l'opinion publique qui finit par adopter avec enthousiasme l'idée de la Présidence décernée au petit neveu du grand Empereur.

La Chambre hésitait, la Gironde était impassible, la coterie du *National* se démenait avec vigueur, mais en face du terrible journal de M. de Girardin, elle sentait sa faiblesse, elle eut peur, pour nous servir de la phrase de M. Guizot en 1821. " Le propre de la peur c'est de reduire à l'immobilité ; elle voudrait tout retenir, tout arrêter, et le temps, et le monde, et la vie." La coterie du *National* tenta aussi d'arrêter la réaction qui poussait à la candidature Louis-Napoléon.

Ce que disait M. Guizot du Ministère de la Restauration en 1821, on eut pu le dire en Novembre 1848, du pouvoir exécutif représentant la coterie du *National*.

" Comment s'y prendre ? quel système de Gouvernement conviendra à des alliés qui ne peuvent ni se séparer, ni tendre de concert vers le même but ? . . . . .

. . . . . . " Maintenant il faut gouverner, c'est-à-dire faire des lois, commencer des institutions, contenter les intérêts, occuper des forces, se mettre enfin en marche vers l'avenir ; toutes choses qui supposent le mouvement, et, dans le mouvement, une direction. Cela aussi devient une nécessité.

" Celle-là est insoluble pour le Ministère actuel, tel qu'il est ; le progrès lui est impossible, le mouvement lui serait fatal. Il est condamné à rester stationnaire. Qu'on me passe l'expression, il s'est établi dans un cul de sac.

" Il n'en veut pas sortir, et je le conçois ; il ne croit le pouvoir qu'en livrant au parti de la contre-révolution, le Roi et la France. Seul, ce parti-là marcherait ; il a des principes à faire prévaloir, des intérêts à satisfaire, des forces à user, tout un avenir enfin à poursuivre, à ses risques et périls."

En face de cette lutte que faisait l'aristocratie de la propriété ?

Toute cette hiérarchie, c'est-à-dire l'ensemble de la nation, était mécontente. La liquidation de la plupart des grandes maisons de commerce, le déchet prodigieux qu'avaient éprouvé les actions des chemins de fer, soit que ces chemins fussent en activité, soit qu'ils ne fussent pas encore livrés à la circulation ; les fonds publics à 40, les actions de la Banque au pair, le crédit entravé, les banqueroutes fréquentes, le commerce de détail atteint sévèrement par la restriction momentanée du luxe, le départ précipité d'une multitude d'étrangers emportant avec eux leurs capitaux, et se défaisant à vil prix de ce qu'ils possédaient en France, l'impôt des 45 centimes si impopulaire dans les campagnes, le prodigieux surcroît de dépenses qui enflait le budget, un déficit croissant estimé à un million par jour, telles étaient les causes qui maintenaient la crise financière ; et l'aristocratie de la propriété se voyant menacée, par les doctrines socialistes, jusque dans le principe même de son existence, refusait son assentiment à ce Gouvernement de la République sous lequel l'état de choses paraissait empirer chaque jour.

D'ailleurs la République n'avait, de fait, apporté à la constitution du pays qu'un changement d'une importance *momentanée* assez médiocre, générale. Ce changement de l'élection partielle à l'élection générale était une garantie *pour l'avenir, peut-être*, mais n'assurait pas le présent ; au contraire, comme toutes les choses inconnues, le principe de cette loi, dont *l'application* était inconnue, ne pouvait être reçu qu'avec crainte et défiance par la majorité déjà effrayée du désordre ; conséquence inévitable d'une révolution.

Le pouvoir exécutif était trop intimement lié avec le pouvoir législatif qui, de fait, avait assumé les deux pouvoirs. La coterie du *National* se voyant sur le point d'être débordée par la contre-révolution, et attaquée, d'autre part par la Montagne, acheva de se décréditer auprès de l'aristocratie de la propriété, en se servant, pour

acquérir de l'influence, de ces malheureux principes d'oligarchie, devenus traditionnels en France.
Elle voulût peser sur la France par l'oligarchie
des gens en place qu'il eut été d'abord de son
devoir d'écarter.

L'individualisme, toujours l'individualisme,
était encore l'âme du Gouvernement de cette
malheureuse France.

La coterie du *National* espéra se maintenir
à la tête de la nation par la majorité de la
Chambre, et par la corruption des places et des
sinécures qu'elle maintenait à la disposition du
pouvoir exécutif central.

Le nombre des électeurs avait monté de deux
cent mille, à sept millions ; les moyens de corruption ne suffisaient plus.

Alors l'aristocratie de la propriété s'éleva
une dernière fois contre l'oligarchie des gens en
place. De tous les journaux, le plus intelligent
de l'époque, comprit tout d'abord cette résistance,
et *La Presse* jeta hardiment au public le nom de
Louis-Napoléon, plus heureuse dans son choix
en 1848 que ne l'avaient été Messieurs Lafayette et Lafitte en 1830.

M. Guizot prétend que l'esprit révolutionnaire
ne peut rien pour relever moralement et raffer-

mir la France; il dit que ses apparitions, ses évocations, ses prédictions, ses souvenirs, son langage entravent et retardent l'œuvre de la moralisation et du raffermissement de la France, au lieu de l'accomplir.

Eh bien, M. Guizot se trompe d'abord dans son appréciation du parti auquel appartient réellement en France cet esprit révolutionnaire. Les soi-disant Républicains, les Communistes, les Socialistes, composent des partis qui ne sont que les pâles reflets du parti réel, et dont M. Guizot veut bien aujourd'hui, et avec intention, nous le croyons, faire croire qu'il est la dupe. En effet, aux personnes qui ne considèrent que superficiellement l'histoire contemporaine de la France, la turbulence de ces partis, qui se produisent toujours, qui se mettent toujours en avant, fait naturellement supposer que c'est dans ces partis que repose l'esprit révolutionnaire, et que c'est à eux qu'on doit les révolutions de la France. M. Guizot ne saurait être dupe des apparences, il connaît trop bien la France, et ses talents sont d'une trop haute portée pour qu'il puisse tomber dans cette erreur, si ce n'est volontairement.

L'esprit révolutionnaire est dans le parti qui

a voulu fonder la Monarchie de 1830, et qui l'a soutenue plus de dix-sept ans.   M. Guizot lui-même, en parlant de ce parti, s'écrie : " Pense-t-on qu'il ait disparu dans la tempête qui a renversé son édifice ?"

Non, certes, nous ne le pensons pas, mais nous sommes de meilleure foi que M. Guizot, qui ne *veut* point reconnaître quels ont été les juges réels qui ont condamné le Gouvernement inique dont il a fait onze ans partie. *Ces juges* sont les hommes qui composent le parti *réel* de la révolution ; ce sont eux qui ont fondé la Monarchie de 1830 ; ce sont eux aussi qui l'ont renversée ; ce sont enfin *les chefs de l'aristocratie de la propriété.*

En Novembre 1848, apparition, évocation, prédiction, souvenirs, ils résumèrent tout pour sauver la France encore une fois, pour établir d'abord un pouvoir exécutif fort par la popularité ; ils résumèrent tout en un seul nom qu'ils acceptèrent avec enthousiasme, qu'ils proclamèrent hautement—ce nom, ce fut celui de Louis Napoléon Buonaparte.

" Nous voulons," disait M. Lafayette, " fonder le trône populaire que la révolution veut rétablir sur la large base de l'intérêt général," etc.

"Nous voulons," disait encore en 1848, le même parti auquel avait appartenu M. Lafayette, " nous voulons un pouvoir exécutif dont le chef soit un Président de la République Française ; nous voulons un pouvoir exécutif populaire, reposant sur la large base de l'intérêt général."

Ce sentiment général fut, dans son application, la cause première de l'élection de Louis-Napoléon à une majorité immense.

Puisse Louis-Napoléon comprendre toute la portée du discours de M. Lafayette en 1830, à une phrase duquel nous venons de faire allusion. Puisse Louis-Napoléon s'engager vis-à-vis de lui-même à remplir à la lettre tout ce qui était demandé dans ce discours, tout ce que ce discours exigeait du Roi constitutionnel que remplace aujourd'hui Louis-Napoléon. Les difficultés qui existaient en 1830 se retrouvent encore aujourd'hui, mais la tâche de Louis-Napoléon est plus difficile que ne l'était celle du Duc d'Orléans. Aux difficultés que rencontra le successeur de Charles X., le règne de Louis-Philippe en a ajouté bien d'autres. Mais aussi le petit neveu de l'Empereur saura profiter, nous le croyons, des leçons que renferme l'histoire du

19ème siècle, et plus particulièrement l'histoire de son prédécesseur.

Puisque Louis-Napoléon a succédé à son illustre parent, comme chef de la nation Française, qu'il prenne aussi leçon des fautes du grand homme. Que le Président de la République Française, dont l'éducation doit être faite, à qui le malheur, l'exil et la prison doivent avoir suggéré de sages réflections, ne prenne conseil aujourd'hui que de lui-même. Qu'il laisse à d'autres le soin de son individualisme, qu'il ne s'occupe que de l'intérêt général. Qu'il soit le chef de cette grande hiérarchie qui embrasse la France ; qu'il soit le chef de l'aristocratie de la propriété ; qu'il s'attache à détruire la corruption, à la rendre impossible ; qu'il ne cherche pas d'amis, qu'il n'évite pas d'ennemis ; qu'il n'ait d'amis ou d'ennemis que ceux de la France. Qu'il oublie le *Prince Louis*, comme Louis XII oubliait le *Duc d'Orléans ;* qu'il continue enfin, comme il a commencé : la postérité le jugera, ses contemporains le regardent.

CONCLUSION.

Servetur ad imum,
Qualis ab inceptu processerit et sibi constet.

HORACE, (*Ars Poetica.*)

A la nation qui saura le mieux récompenser le mérite et la vertu, il sera donné les citoyens les plus dévoués à servir, à défendre cette nation.

THUCYDIDE, (*Discours de Périclès.*)

NOUS avons cherché à démontrer, dans les pages précédentes, par l'énumération des gouvernements qui se sont succédés en France, par l'analyse succinct de ces gouvernements, que ces gouvernements étaient *mauvais*, et que la situation critique de la France actuelle, dérivait du mauvais gouvernement. Le bon gouvernement est la seule condition, la condition absolue de la prospérité de la France.

12*

Au dix-neuvième siècle une secte est apparue ; cette secte a produit ce qu'elle appelait un systême économique, politique et social. Cette secte est semblable à une multitude de sectes scholastiques, qui se sont succédées depuis le commencement de l'histoire des peuples.

Ce que les Communistes et les Socialistes appelent aujourd'hui leur *systéme*, n'est qu'un assemblage de mesures ne dérivant aucunement les unes des autres. Cet ensemble de mesures tend à détruire la société chrétienne, telle qu'elle s'est constituée après dix-huit siècles d'existence, sans offrir ou sans émettre le moindre principe admissible de reconstitution sur une base solide et permanente. Que ces sectes du dix-neuvième siècle appellent de pareilles doctrines un systême, àlors que le seul but des théories qu'ils exposent, n'est que *la destruction*, c'est là ce que nous ne pouvons admettre. Un tel ensemble ne forme pas un systême.

Un systême est un ensemble dont chaque partie découle l'une de l'autre. Les arguments, les rêves des partisans de ce soi-disant systême, n'ont d'autre effet, ne sauraient en avoir que de fournir à des hommes turbulents et loquaces un recueil de sophismes ingénieux dont la production permet, à celui qui les possède bien, de parler beaucoup et long-temps. Les Communistes et les Socialistes s'intitulent *démocrates*, mais c'est à tort qu'ils assument le caractère de l'élément *démocratique*, leur cause est tout bonnement celle de *l'anti-hiérarchie*, en opposition au principe *hiérarchique*, base de toute *société*.

Un gouvernement ne saurait se substituer aux volontés de la majorité d'une société quelconque. Ce que veulent les Communistes, c'est le despotisme gouvernemental. Que ce despotisme gouvernemental soit nécessaire aux peuples à certaines périodes de développement de leur civilisation, nous l'admettons, mais le despotisme gouvernemental, est non-seulement nuisible aux peuples qui ont atteint le degré de civilisation de la France et de l'Angleterre, mais *il ne saurait exister* chez eux.

La liberté individuelle est la condition première de toute société civilisée, la liberté du travail, la liberté de l'enseignement et pour assurer ces deux libertés, ainsi que l'ensemble des libertés individuelles, la liberté du contrat individuel.

La condition absolue de tout *bon gouverne-*

ment est triple. Il doit assurer les nations contre les attaques du dehors, il doit assurer les nécessités de la nation, il doit assurer le bonheur de la nation.

Mais quand ce gouvernement est celui d'une nation à l'état d'extrême civilisation, les nécessités de la nation, et le bonheur de la nation diffèrent de ce qui constitue les nécessités d'une nation et le bonheur d'une nation à l'état de civilisation moindre.

Il serait absurde de dire que le gouvernement qui conviendrait à la France, conviendrait à la Russie, ou réciproquement ; ou bien que la République Française, en copiant la République des Etats-Unis d'Amérique, assurerait les nécessités de la nation, ou le bonheur de la nation.

Tout homme individuel diffère essentiellement de tout autre homme individuel ; les nations ne sont que des sociétés d'individus, et les nations diffèrent entr'elles autant que les individus.

Cependant de même qu'il est certains principes dont l'application est commune et nécessaire aux individus, de même il est certain principes dont l'application est commune et nécessaire aux nations. Le Gouvernement de chaque nation doit *encourager* l'application de ces principes, par tous les moyens possibles. En Russie par le despotisme, en France par la liberté, mais nulle part, que nous sachions, par le Communisme.

Le gouvernement de la France, tel qu'il est aujourd'hui constitué, viole la liberté du contrat dans cet ensemble de lois que résume le chapitre des successions, et dans ces articles du Code Napoléon qui limitent le taux de l'escompte et de l'intérêt. De cette violation de la liberté du contrat dérive d'abord cette extrême division de la propriété qui augmente tous les jours, qui appauvrit la France et qui produira dans ce grand pays, si cette subdivision n'est arrêtée, les mêmes effets que la subdivision de la propriété a produit dans la malheureuse Irlande.

La loi qui *règle à l'avance* la succession, est d'une injustice criante. La loi des successions en France, loi contraire à la liberté individuelle, est surtout contraire au principe de la famille inné chez les peuples.

On a soutenu qu'il est injuste qu'un père avantage un enfant de préférence à ses autres enfants. Nous soutenons que la disposition

de ce que possède un homme, qu'il ait ou non
la qualité de père, doit lui être laissée tout entière. L'enfant, dit-on, a droit à la succession
du père. Le père, selon nous, ne saurait strictement devoir à son fils que la subsistance et
l'éducation jusqu'à la période de développement
des capacités physiques et intellectuelles de ce
fils. Passé ce terme, le fils qui doit avoir reçu
de son père l'éducation que comporte le siècle
et les moyens du père, le fils devenu citoyen
doit se suffire à lui-même, et se préparer déjà
à suffire à d'autres par son travail. S'il sait
inspirer à son père des sentiments d'affection
par la conduite qu'il tient envers lui, s'il sait
inspirer à la nation de l'affection et de l'estime
par son patriotisme et son dévouement, le fils,
le citoyen *n'a droit* à aucune récompense. La
récompense de l'honnête homme, la seule récompense qu'il doive rechercher est celle de l'approbation de sa conscience, qui lui fait espérer
après la mort une récompense immortelle. Que
le père, que la nation récompensent le fils, le
citoyen; le père par la succession qu'il a laissé à
son fils, la nation par les dignités, les honneurs
qu'elle donne au citoyen, rien n'est plus juste;

mais cela doit dépendre de la *volonté libre*
du père, de la nation. Le service du fils, du
citoyen ne doit pas dépendre du salaire, car la
religion serait alors inutile.

En laissant ouverte la question du contrat par
rapport à la succession, la terre se subdivisera
moins. Le père, s'il ne possède qu'une petite
propriété territoriale, sentira s'il partage cette
terre, qu'il diminuera souvent tellement le
capital nécessaire à la bonne exploitation de
cette terre, que cette propriété partagée entre
ses enfants ne produira rien ; et qu'en mou-
rant, il léguera la misère à tous au lieu
d'assurer l'existence et le bonheur de l'un de
ses enfants au moins.

De cette liberté du contrat, de ce sentiment
du père qui préfère voir heureux et riche un de
ses enfants, que de les voir tous pauvres et malheureux, naissent les aristocraties territoriales.
Quand ces aristocraties sont bien constituées,
la culture se fait par grandes fermes, et
comme ces grandes fermes entraînent de grandes
pertes, ou donnent de grands produits d'ensemble, la culture nécessite une application
de richesse positive, de subdivision de travail,
qui augmente proportionnellement le produit

d'ensemble et le bien-être de tous ceux que la culture de ces fermes concerne.

C'est surtout dans la subdivision du travail que les capitalistes sont d'un grand avantage au bien-être général.

Les Communistes veulent substituer le Gouvernement à l'ensemble des capitalistes. Mais si le Gouvernement exploite ainsi le capital de la nation, il sera de l'intérêt des hommes du Gouvernement de s'approprier autant que possible, au détriment des autres, tout ce qu'ils pourront des profits de l'exploitation de ce capital. Ces hommes ne seront point soumis à l'influence de *la concurrence* qui établit le prix du produit, le prix du capital et du travail, et le despotisme sortira de l'application même des doctrines du Communisme. Si le Gouvernement, au contraire, n'a pas à sa disposition le capital de la nation, mais n'a d'autre devoir que celui de garantir la liberté du contrat individuel, et l'exécution de ce contrat au nom de la nation ; le Gouvernement établira la concurrence parmi les capitalistes, augmentera la subdivision du travail, le prix du travail, et la demande des travailleurs ; les échanges se feront plus facilement, l'industrie, la production et la consomption augmenteront simultanément dans toutes les classes, puisque la production augmentera par la subdivision du travail ; et la liberté, par la concurrence et la subdivision du travail, expressions médiates de la liberté individuelle et de l'association, assurera par *le bon gouvernement* le bien-être de tous.

La subdivision du travail est un des grands caractères de la civilisation. L'homme à l'état sauvage, fait pour lui-même et par lui-même tout ce qui est nécessaire à son bien-être. Il est son propre boucher, son propre tailleur, son propre fermier, son propre tisserand, son propre boulanger, son propre charpentier ; et s'il est ignorant, il a faim, il est sans asile, presque nu.

L'homme civilisé, en divisant ses travaux de manière à ce qu'un seul homme n'ait qu'une seule occupation, ne travaille pas plus que l'homme à l'état sauvage, mais il se nourrit, s'habille, bâtit des maisons, a le nécessaire et le superflu. Le charpentier, en échangeant ses produits contre ceux du boucher, du tailleur, du fermier, etc., obtient tout ce qu'il lui faut ; le fermier en échangeant ses produits contre ceux du charpentier, etc. ; le boulanger en

échangeant ses produits contre ceux du charpentier, du fermier, etc.

Dans une petite ferme il faut qu'un seul
homme soit jardinier, charpentier, fermier,
qu'il conduise et qu'il garde ses vaches, qu'il
fasse lui-même ses foins, qu'il coupe lui-même
ses avoines, et souvent qu'il prépare lui-même
sa nourriture. Dans les grandes fermes il y
a des jardiniers, des fermiers, des vachers, des
faucheurs, des charretiers, des cuisiniers, tous ne
faisant qu'une seule chose ; et par cela même
qu'ils font plus facilement et plus vite en
ne faisant qu'une seule chose, le résultat col-
lectif de cette subdivision du travail, impossible
au petit fermier, est proportionnellement bien
plus grand que celui du petit fermier ; et les
profits de chacun, le prix du travail, du capital,
et de la terre, seront proportionnellement plus
grands si la culture se fait en grand, que si la
propriété se trouve divisée.

La subdivision du travail dépend de la concurrence.

Le produit est le résultat de l'application
du travail au capital. Le travail appliqué
au capital, dans une division qui n'est pas
en rapport avec *l'échange* qui facilite la trans-

formation du produit, ne rapporte pas ce qu'il doit rapporter. Le travail peut être trop subdivisé, selon que l'échange ait augmenté ou diminué par la concurrence.

Si donc les utopiques Communistes et Socialistes détruisent la concurrence des *capitalistes* d'où dépend *l'échange*, la subdivision du travail ne pourra plus être réglée par l'intérêt général, par le commerce qui en est l'expression ; il n'y aura concurrence que parmi les *travailleurs,* ce qui fera baisser le prix du travail ; et l'organisation du travail bien loin de reposer sur l'approbation de la démocratie, c'est-à-dire de l'ensemble de la nation, reposera sur les démagogues et sur le despotisme de ces démagogues. Les expériences de pareilles organisations, non-seulement sont présomptueuses, mais coûtent trop cher aux nations. L'insurrection du 23 Juin en est un triste exemple.

La division du travail n'est que l'aptitude de chaque homme appliquée au genre de travail qu'il préfère ; et cette application ainsi répartie augmente la valeur du produit en augmentant la production du travail.

Si le travail est nécessaire pour donner de la valeur à la matière première, le travail constitue un droit à la propriété. Si le droit à la propriété du travail existe, il y a la propriété du travail, la propriété du capital. Et si le droit à la propriété n'existait pas, comme le prétend M. Proudhon, le commerce, l'échange ne serait qu'un jeu fort ennuyeux, qui n'aurait aucun sens. Car si l'on ne possède pas ce que l'on échange, on ne devrait pas pouvoir le consommer, et l'on échange pour consommer, pour consommer selon ses désirs et ses besoins. Si tel homme ne produit *qu'une seule* chose, et que *cent* choses lui soient nécessaires, il devra s'en procurer *quatre-vingt-dix-neuf* par l'échange.

La production doit être soumise à l'échange ; cette loi s'applique aux nations comme aux individus.

L'accumulation du travail constituant un produit, devant être représentée dans la valeur de ce produit, comment le gouvernement des Communistes établira-t-il le taux de la compensation de l'accumulation du travail ?

Ce Gouvernement étant un monopole, ne saurait l'établir dans de justes limites, mais profitera du manque des marchés et de la concurrence des travailleurs, sans faire profiter les travailleurs, de l'abondance des marchés et de la demande des travailleurs occasionnée par cette abondance de marchés.

La concurrence est basée sur le libre échange " free trade ;" et si les impôts mêmes sont défavorables au libre échange, combien le serait davantage une organisation du travail par un Gouvernement !

Nous ne croyons pas que le libre échange soit utile à ceux qui cultivent directement le sol. Au contraire, la concurrence des fermiers, qui manquent en général de capital, et qui par cette raison sont forcés de faire des profits excessifs, établit aussi la concurrence parmi les travailleurs, et le prix du salaire baisse au-delà de la proportion de la baisse de prix des grains.

Le capital entre les mains des manufacturiers et des échangeurs proprement dits, c'est-à-dire des négociants, les poussant toujours à vendre plus, et à un profit moindre pour réaliser par le nombre des échanges ce qu'ils perdent à la valeur du profit, fait que la concurrence ouvre toujours de nouveaux marchés, augmente le nombre des échanges à mesure qu'elle diminue les profits immédiats et maintient le prix du travail par les facilités d'échange qui font souvent qu'un capital, au lieu de rapporter un intérêt *annuel*, rentre entre les mains du capitaliste au bout de trois mois, et que ce capital, toujours en circulation, représente ainsi un capital quatre fois plus grand avec des facilités d'échange moindres.

Le travail peut être considéré comme un capital. Le nombre des travailleurs d'une nation constitue un capital. Le travail s'augmente des agents naturels, de la vapeur, etc. En France, avec une population active de neuf millions, l'ensemble des machines à vapeur équivaut à environ neuf cent mille hommes ; nous pourrons donc dire que le capital de travailleurs de la France est de neuf millions, neuf cent mille travailleurs.

En Angleterre, en prenant à sept millions le nombre de la population active à l'exclusion de l'Irlande, et nous sommes au-dessous des statistiques de 1847, comme nous resterons au-dessous de ces statistiques en prenant l'ensemble des machines à vapeur en Angleterre à neuf millions d'hommes, selon les statistiques de 1844, nous aurons un capital de travailleurs de seize millions, et en ajoutant la population de l'Irlande, que nous estimons avec l'ensemble des machines à vapeur à trois millions, nous aurons un total de travailleurs de dix-neuf millions ; c'est-à-dire, double de celui de la France.

Avec un total de travailleurs double de celui de la France, l'Angleterre aura des ressources presque doubles de celles de la France, et *pourrait* produire, dans des circonstances *nécessaires* à cette production, *une armée* de travailleurs de toute espèce, en plus grand nombre que ne saurait le faire la France.

Tel a été l'effet de l'industrie Anglaise appuyée sur les libertés individuelles que la constitution de l'Angleterre, fondée par l'aristocratie Anglaise, a donnée au pays !

Combien ont été iniques les Gouvernements de la France, qui, tout en proclamant *la liberté*, *l'égalité* et *la fraternité*, n'ont pas su donner à la nation de libertés individuelles suffisantes, de telle sorte que le total de travailleurs de la France, en le supposant même plus grand que celui de l'Angleterre, fut aujourd'hui même *égal* à celui de l'Angleterre !

Ce doit être la tâche du Gouvernement actuel

de la France de relever le haut commerce Français, en facilitant le nombre des échanges par la liberté du contrat individuel et la sécurité de l'exécution de ce contrat. Si le commerce Français ne continue à exister que par le monopole, il cessera d'être généralement productif. Il l'est déjà bien moins en France qu'en Angleterre ; aussi le travail est-il moins productif qu'en Angleterre. La France est un pays plus pauvre que l'Angleterre, et la civilisation générale de la France est en arrière de la civilisation générale de l'Angleterre.

En France, le manque de moyens de transport, de communications intérieures, de canaux, de routes, de chemins de fer, affecte tout à la fois, le produit, dont le prix est plus élevé qu'ici, le travail, qui est bien moins payé, et les capitaux, d'ailleurs moins abondants qu'en Angleterre.

En France le nombre des grandes routes ne s'élève pas au tiers des grandes routes d'Angleterre ; la longueur des canaux français n'égale pas celle du quart des canaux anglais.

Si tout homme a droit à la liberté du contrat, à la liberté du travail, il a droit à la *propriété* du produit de son travail. Le droit de propriété appliqué au travail et au produit, s'étend sur trois genres de propriétés, le travail, le capital et la terre. Sans cette triple condition de propriété toute société est *impossible.* Quoique le travail soit la mesure réelle de la valeur d'échange de tous les produits, ce n'est pas par une estimation directe du travail que l'on arrive à estimer cette valeur. Différents produits, différentes denrées, différentes propriétés ont servi de valeur d'échange et de mesure de valeur.

L'armure de Diomède, nous dit Homère, avait coûté neuf bœufs, celle de Glaucus avait coûté cent bœufs ;* l'armure de Glaucus valait donc un peu plus de neuf fois l'armure de Diomède. Les bœufs étaient du temps d'Homère une mesure de valeur, une valeur d'échange.

A mesure que la civilisation s'est avancée, les peuples ont compris que la valeur d'échange, servant de mesure de valeur, devait avoir, autant que possible, une valeur intrinsèque invariable.

Dans son premier volume de " l'Histoire de

---

* Adam Smith, " De la Richesse des Nations."

la Révolution Française," M. Louis Blanc demande la substitution d'une monnaie de papier, d'une monnaie de cuir garantie par l'état, à la monnaie d'or et d'argent en usage aujourd'hui chez les peuples. M. Louis Blanc, alors qu'il écrivait ces pages formant l'introduction de " l'Histoire de la Révolution Française," prêchait déjà la cause du despotisme de quelques-uns ; il oubliait déjà que le plus sacré de nos droits, la liberté individuelle, est attaqué alors que le Gouvernement substitue par un principe d'autorité, même dans l'intérêt de la nation, ce qui lui paraît juste et rationnel, mais ce qui est contraire à l'approbation unanime, absolue, de toute la nation.

Si l'on accordait à un Gouvernement quelconque un principe d'autorité qui lui permît de faire de l'argent *de par lui*," de faire des assignats, ce principe d'autorité deviendrait un principe de despotisme, puisque le Gouvernement, dans ses actes commerciaux, et la création du capital serait un acte commercial, n'étant pas soumis à la concurrence et à l'influence hiérarchique de l'aristocratie de la propriété, ne serait dominé que par la peur des révolutions. Et si cet argent *créé* par ce Gouvernement lui suffisait, comme cela est probable, pour *acheter* une force brutale pour étouffer l'émeute ; ce Gouvernement, sous la tentation constante et croissante, deviendrait cupide et despote, volerait la nation et soumettrait les libertés individuelles à un joug de fer.

Il est bien beau de dire que le peuple combattant pour ses libertés est invincible ; mais nous sommes convaincus qu'une armée de vingt mille condottieri bien disciplinés, bien payés, n'hésitant devant aucun moyen d'attaque et de défense, tiendrait tête, non-seulement à toute la population de Paris, mais chasserait devant elle toute la Garde Nationale de la France, comme les armées Romaines chassaient jadis les milices Germaines vingt fois plus nombreuses qu'elles.

Pourquoi, disent les Communistes, l'argent rapporte-t-il un intérêt quelconque, un revenu ? Pourquoi mettra-t-on un prix au profit de l'argent ? Si je rends à mon voisin la même valeur que je lui emprunte, pourquoi lui rendrais-je plus qu'il ne m'a prêté ?

Tout homme qui travaille, met en œuvre sa force et son adresse.

Tout travailleur qui ne met en œuvre que

sa force, ne saurait se livrer qu'aux travaux les plus simples, les plus vils.

L'adresse est un capital de travail accumulé par l'éducation. Et quand le travailleur met en œuvre sa force augmentée de son adresse, il peut se livrer à des travaux d'un caractère plus élevé et dont le salaire sera à juste titre, plus considérable que le salaire de celui qui ne se livre qu'à un travail absolu, qui ne met en œuvre qu'un capital simple, que sa force.

Mais pour se livrer aux travaux supérieurs, outre le capital du travail simple et du travail accumulé, l'homme fort et adroit a besoin d'instruments et de matériaux, de capital proprement dit. Sans ces agents il ne pourrait se livrer qu'au travail absolu. De quelle utilité serait au tisserand son adresse, sans coton, sans machines à tisser; au forgeron sans fer et sans forges; au charpentier sans bois et sans outils? Sans instruments, sans capital, le travailleur ne saurait exécuter de travail que celui qu'il exécuterait, comme les animaux, avec les instruments que lui a donnés la nature.

Supposons qu'un tisserand gagne un salaire proportionné à son travail et à son adresse, par l'application de ce travail augmenté de cette adresse, à des matières premières lui appartenant, à une machine à tisser lui appartenant. Si le tisserand usant de la liberté individuelle que les Communistes, nous l'espérons, ne sauraient contester ni même discuter, *prête* à un autre sa machine à tisser, ses matières premières, pour une semaine, et que pendant cette semaine ce tisserand pour une cause que nous *n'avons pas le droit* même de discuter, ne se livre qu'à un travail absolu, ou même ne travaille pas du tout ; il est évident que ce tisserand vient de renoncer à l'augmentation de salaire que comporte son adresse. Nous croyons juste que celui auquel ce tisserand a permis de gagner une augmentation de salaire, en lui prêtant son capital, récompense ce tisserand du prêt qui lui a été fait et de l'usage qu'il a fait de ce prêt. Nous croyons juste que l'emprunteur qui a gagné par l'emprunt, partage avec le prêteur les profits de cet emprunt dans la proportion que le travail de l'emprunteur est au capital du prêteur par rapport au profit total. Si au lieu d'une semaine, le tisserand prête son capital pendant un an, la récompense devra augmenter en proportion. Et si une troisième personne possède l'argent qui peut acheter au tisserand sa matière première, sa machine à tisser, et qu'au bout de la semaine, de l'année, cette troisième personne prête à la seconde la somme nécessaire pour acheter au tisserand son capital, n'est-il pas juste aussi que la seconde personne paie à la troisième un intérêt pour l'argent, puisqu'elle a payé à la première un intérêt pour le métier à tisser, pour la matière première ? Car si la troisième personne n'avait pas prêté cet argent à la seconde, la seconde n'eut pu continuer à gagner un salaire proportionné à l'application de son travail absolu augmenté de son adresse et de l'accumulation de son travail résultant de l'éducation ; et avec l'argent prêté, la troisième personne eut pu acheter de la matière première, un métier à tisser et apprendre à s'en servir.

Les Communistes, en s'attaquant au principe sacré de la propriété, démontrent aux nations épouvantées de leurs doctrines subversives, combien peu *leur* gouvernement assurerait les nécessités ou le bonheur de la nation ! Et s'ils n'attaquaient pas le principe de la propriété, toutes leurs théories ne sauraient conserver même une *apparence* logique, car la division hiérarchique est le résultat presqu'im-médiat du droit à la propriété que saura garantir tout *bon gouvernement.*

Lorsqu'on paie un intérêt pour l'argent on ne paie pas en réalité l'intérêt de cet argent, mais on paie pour l'usage du nouveau capital que l'on acquiert au moyen de cet argent. Le négociant qui emprunte à intérêt, n'enterrera évidemment pas l'argent qu'il vient d'emprunter. Il court échanger cet argent contre des marchandises, contre des matières premières, contre le travail sous sa forme simple et sous ses formes d'accumulation. N'est-il pas juste que ce négociant partage le profit résultant *pour tous* de l'application, facilitée par l'argent, de ce travail simple et accumulé, n'est-il pas juste qu'il paie de l'intérêt.

Il arrive le plus souvent que les individus possèdent la force et l'adresse, sans avoir de capital positif, sans avoir du moins un capital positif *suffisant* auquel ils puissent appliquer cette force et cette adresse. Il arrive souvent, d'autre part, que le capital se trouve entre les mains d'individus qui ne possèdent ni l'adresse, ni la force nécessaire à l'application de ce capital.

N'est-il pas juste alors que le travailleur et le capitaliste contractent une alliance qui soit utile à chacun d'eux individuellement? Les conditions du salaire sont développées par cette alliance, ainsi que la production, et les profits de la production qui sont établis par la distribution et qui sont augmentés par la division du travail.

Le capital prend une dernière forme, celui de la propriété territoriale. De même que le travail, l'industrie et l'argent rapportent des intérêts, la terre doit aussi rapporter un intérêt.

Le Gouvernement peut hausser la valeur des terres en augmentant la facilité des échanges des produits territoriaux, par la facilité des moyens de communication, et par la liberté du contrat qui doit suffire à empêcher l'extrême division de la terre, division qui amènera la pauvreté générale et la misère de tous, qui amènera *le communisme*.

Les lois restrictives que le Gouvernement de la France continue à maintenir sur l'importation des produits du commerce étranger, de l'industrie étrangère, ont diminué l'exportation des produits du commerce français, de l'industrie française. Ces lois, en étouffant la concurrence, ont retardé l'amélioration, par la concurrence, des produits de l'industrie française ; elles ont été nuisibles, elles le sont encore, à tout le commerce français.

Malgré le monopole que ces lois ont maintenu en France au commerce français, elles n'ont pas donné la sécurité commerciale ou industrielle au commerce français, à l'industrie française.

La faillite est plus fréquente, plus soudaine, plus imprévue en France que dans les autres pays où le monopole disparaît chaque jour. En France, plus que partout ailleurs, les crises commerciales se ressentent des circonstances locales.

Le négociant en France s'appuie plutôt sur un profit excessif résultant de chaque échange et restreignant par conséquent le nombre des échanges, que sur un profit minime résultant de chaque échange, et sur le grand nombre d'échanges que la baisse du profit encouragera. La position du négociant français, dont les opérations sont basées sur un pareil système, et nous croyons que ce système est celui du plus grand nombre des négociants français, cette position sera moins sûre que celle du négociant qui s'appuiera, au contraire, sur des profits minimes, et surtout sur le nombre des échanges.

Le libre échange, augmente le nombre des échanges ; le libre échange nous paraît donc devoir apporter la sécurité au commerce français, en forçant le négociant français, l'industriel français, à adopter un système plus favorable et aux intérêts de l'acheteur, du consommateur, et aux intérêts du négociant, du producteur, que le système si fort en faveur encore aujourd'hui en France.

Nous ne sommes pas partisans du libre échange des céréales, des produits immédiats de la terre. Les discussions qui ont eu lieu en Angleterre sur la question générale du libre échange, nous ont démontré, que si les produits de la terre sont apparemment soumis aux lois *générales* de production, d'échange, de distribution et de consomption, ces produits sont aussi soumis à des lois *exceptionnelles* qui nous paraissent devoir toujours nécessiter l'exercice de l'autorité souveraine du Gouvernement afin de prévenir les famines et la misère qui pourraient être les résultats irréparables de l'application absolue, faite à ces produits, des lois du libre échange. Les vins et les huiles ne nous paraissent pas devoir être compris dans les produits immédiats de la terre. Nous croyons que *d'autres* lois *exceptionnelles* assimilent les vins et les huiles aux produits de l'industrie et du commerce.

L'effet des lois restrictives sur les vins et les huiles a été déplorable. Les vins se vendent aujourd'hui à vil prix dans les pays vignicoles de la France, souvent même ils ne se vendent pas, et leur exportation diminue chaque année.

Le manque général d'exportation appliqué à toutes les industries du commerce français, a causé partout la baisse du salaire et l'encombrement des travailleurs. Le prix du travail en France est bien moindre qu'en Angleterre, et tous les objets de nécessité première sont d'un prix plus élevé en France qu'en Angleterre. Le travailleur, manufacturier ou laboureur, est respectivement plus malheureux en France qu'aux Etats-Unis ou en Angleterre; il y est plus mal vêtu, plus mal nourri qu'aux Etats-Unis qu'en Angleterre. Plusieurs des départements de la France sont dans un état de misère tout aussi grand que celui des districts les plus malheureux de l'Irlande.

Le prix de l'argent est plus élevé en France qu'en Angleterre, preuve certaine du manque de capitalistes. Et si les capitalistes manquent, le travail manquera au travailleur, le prix du salaire restera constamment au-dessous du pair.

La terre se vend en France plus qu'elle ne vaut, à cause de la subdivision de la propriété. Les petites propriétés qui ont succédé partout aux grandes propriétés sont mal cultivées par le manque de capital et suffisent à peine, dans les meilleures années, aux stricts besoins des propriétaires. La plupart des propriétaires en France sont *métayers ; les fermiers* deviennent tous les jours de plus en plus rares. Les profits de la terre étant en France moins considérables qu'en Angleterre, qu'en Allemagne, qu'aux Etats-Unis, il en résulte que le métayer Français ne saurait parer à une mauvaise année par l'accumulation des profits des bonnes années.

Dans les districts vignicoles, où les profits de la terre sont encore plus incertains que dans les districts à froment, la subdivision de la propriété a de si funestes résultats que la production des grands vins serait *déjà* impossible aujourd'hui, si les grands crus n'étaient affermés à des capitalistes *étrangers* qui les louent à bail, et les exploitent avec des capitaux *étrangers*. Le coton, les fers, les toiles, les houilles,

les étoffes, les cuirs travaillés, par leur prix excessif en France, n'encouragent qu'une consomption restreinte.

Puisse le Gouvernement actuel de la France suffire au bonheur de la France, en attaquant *avec vigueur* les abus actuellement en existence. Si le Gouvernement de Louis-Napoléon veut continuer à gouverner d'après les mêmes principes que ceux que le Gouvernement de Louis-Philippe avait adoptés, l'émeute grondera encore, et de nouvelles révolutions ébranleront la France. L'application des lois du bon Gouvernement est impossible, alors que la France n'a pas un Gouvernement composé des chefs de l'aristocratie réelle qui représente la nation, de l'aristocratie de la propriété.

L'élection générale arrachée par la Révolution de Février, est l'expression de la protestation de la France contre le régime de la centralisation, de l'oligarchie des gens en place.

Le règne de l'aristocratie de la propriété doit commencer. Mais cette aristocratie n'est pas sortie intacte des révolutions qui déchirent la France depuis si longtemps. La subdivision de la propriété et le monopole, résultats de la violation de la liberté du contrat, ont attaqué en France, non-seulement le principe hiérarchique de l'aristocratie réelle représentative, mais encore le principe sacré du droit à la propriété. Les Communistes, les Socialistes le savent, et si la liberté n'est pas rendue au contrat individuel, pour que l'aristocratie de la propriété ne soit point entravée dans sa marche, dans sa défense contre le Communisme, les Communistes triompheront. Alors l'aristocratie de la propriété tombera définitivement, et les démagogues gouverneront la France.

Le règne de ces démagogues sera court, il est vrai. Les autres peuples envahiront cette France démoralisée et affaiblie, et la France cessera d'exister. En Europe, tant de crimes, tant de désordres sont déjà attachés au sens traditionnel de *république* et de *démocratie*, que le *vrai* sens de ces mots se modifie chaque jour, et ces mots ne *signifieront* plus bientôt, peut-être, pour le monde que révolution, meurtre, assassinat, despotisme.

Puisse le Gouvernement de Louis-Napoléon, ne pas retomber dans les fautes des Gouvernements précédents ! Puisse-t-il écarter l'oligarchie des gens en place, et chasser cette oligarchie du vaisseau de l'état ! Puisse-t-il contribuer à décentraliser la France, et augmenter ainsi la civilisation générale, aux dépens de cette civilisation excessive de Paris dont la population égoïste ne demande, comme les Romains de la décadence de l'Empire, que *"panem et circenses !"*

Puisse Louis-Napoléon préférer la popularité générale au pouvoir, et n'avoir de ministres que ceux qu'approuvera l'aristocratie de la propriété tout entière, *la nation !*

Puisse enfin le Gouvernement actuel renoncer à cette funeste politique d'isolement que maintenait M. Guizot ! Et, si nous échappons à la crise actuelle, à la guerre générale, puissent la France et l'Angleterre oublier la gloire des luttes et des guerres, et aspirer à une gloire plus solide, celle de donner au monde ces leçons de civilisation qui assurent aux peuples la moralité et le bonheur !

Si Louis-Napoléon échappe à l'ambition, s'il refuse de se mettre à la tête de l'oligarchie des gens en place, dans la nouvelle lutte contre l'aristocratie de la propriété, lutte où la corruption des places et du pouvoir viendra encore *essayer* de dominer l'opinion publique et l'élection des chefs de l'aristocratie de la propriété qui *doit être* l'expression libre de cette opinion publique ; si Louis-Napoléon comprend bien toute la portée de la nouvelle loi de l'élection générale, loi que la corruption en France a rendue nécessaire ; s'il se refuse à toute corruption, il contribuera puissamment au bonheur de la France. Qu'il tombe alors sous le couteau de l'assassin, ou qu'il lui soit donné de mourir en s'éteignant doucement après de longues années d'existence ! Que l'on écrive sur sa tombe " ci-git un *Président,* un *Roi,* ou un *Empereur,*" cette tombe sera plus honorée, plus respectée de la nation Française que la Cathédrale de St. Denis où ont été déposé tant de *maîtres* de la nation Française ! Il mourra honoré, sans avoir manqué ni à Dieu, ni aux hommes ; Dieu et les hommes ne lui manqueront pas !

Mais peut-être, la France et l'Angleterre sont-elles, comme Rome jadis, trop avancées, par rapport au reste du monde, dans les voies de la civilisation, et Dieu voudra-t-il, dans sa sagesse, arrêter pour un temps le progrès de cette civilisation, afin que nos fils puissent mieux apprécier toutes les grandes institutions qui sont déjà du siècle.

L'avenir est à Dieu.

FIN.

LONDRES
Imprimé par Schulze et Cie., 13, Poland Street.